ドラヴィエのANATOMY フランス発
美しく強いからだ

フレデリック・ドラヴィエ・ジャン＝ピエール・クレマンソー

安藤 清美 監修・東出 顕子 訳

ガイアブックスは
地球(ガイア)の自然環境を守ると同時に
心と身体の自然を保つべく
"ナチュラルライフ"を提唱していきます。

Originally published in French by Éditions Vigot, Paris,
France under the title: Belles fesses et ventre plat 1st edition © Vigot 2011.
(English edition: Delavier's Sculpting Anatomy For Women)

この本を手にしたあなたへ

ご自身がもつ理想のカラダ。
その理想のカラダを強くイメージしてボディメイクしていきましょう。

人には個人差があり、骨格、筋肉、柔軟性が違います。
現場にいる私たちは、その人に合った種目を選び、正しく正確に動かす方法を指導していきますが…。本書で正しいフォームを守りながら、ご自身のカラダと相談しながら進めていってください。

まずは３か月。理想のカラダを強くイメージし、種目をチョイスし、その動きを確認して安全におこないましょう。

カラダは変わります！

安藤清美

目　次

この本を手にしたあなたへ　安藤 清美 3

強く美しい体をデザインする 9

◎ **あなたのミッション：タイトなウエストとキュッと持ち上がったヒップを3カ月で** ... 10

これから始めるあなたに5つのアドバイス 12
  1. モチベーションが必須 12
  2. ボディ改造に手遅れはない 13
  3. 健康のためのエクササイズ 14
  4. 体の声に耳を傾ける 14
  5. キレイのためのエクササイズ 15

栄　養：健康の土台 16
  栄養のルール 16
  エネルギーをくれる栄養素 19

ヒップと腹筋を効果的に鍛えるために知っておきたいこと 24
  美しいヒップをつくる 24
  タイトなお腹をつくる 27

セルライトを落とす 31
  2タイプのセルライト 31
  セルライトができる理由 31
  セルライトを撃退するには 33

◎ **ゴール1：くびれたウエストを手に入れる** 36

ウエストのストレッチ 38
スタンディング・サイド・ベンド(立って側屈) 40
スティックを使ったトルソ・ツイスト(体幹をねじる) 42

ライイング・トルソ・ツイスト（仰向けで体幹をねじる） 44
サイド・プランク 46
スイミング 48

◎ ゴール2：腹筋を強くする　50

クランチ（足を床につけて） 52
クランチ（脚を上げて） 54
シットアップ（足を床につけて） 56
クランチ（足をベンチにのせて） 58
オブリーク（腹斜筋）・クランチ（足を床につけるか、ベンチにのせて） 60
オブリーク（腹斜筋）・クランチ（脚を上げて） 62
レッグ・エクステンション（座って脚を伸ばす） 64
リバース・クランチ 66
バイシクル 68
オブリーク（腹斜筋）・バイシクル 70
スフィンクス 72

◎ ゴール3：美しいヒップをつくる　74

レッグ・リフト・トゥ・ザ・サイド（横向きに寝て脚を上げる） 76
レッグ・リフト・オン・ザ・ベリー（腹ばいで脚を上げる） 78
レッグ・リフト・オン・ザ・ニーズ（膝をついて脚を上げる） 80
レッグ・リフト・ウィズ・ア・ベント・ニー（膝を曲げて脚を上げる） 82
オポジット・アーム・アンド・レッグ・レイズ（対側の腕と脚を上げる） 84
サイド・レッグ・レイズ・オン・ザ・ニーズ（膝をついて脚を横に上げる） 86
ブリッジ 88
ブリッジ（足をベンチにのせて） 90
ブリッジ（片脚を上げて） 92
ライイング・ハムストリング・ストレッチ（仰向けでハムストリングのストレッチ） 94
バトックス・ストレッチ（ヒップのストレッチ） 96
スタンディング・サイド・キック（脚を後ろに伸ばす） 98
スタンディング・バック・キック（脚を横に伸ばす） 100
ラテラル・レッグ・カール（脚を横に上げてから踵をヒップに近づける） 102

◎ ゴール４：脚を引き締める　104

- スタンディング・ニー・レイズ（立って膝を引き上げる） 106
- ボディウェイト・スクワット（自重スクワット） 108
- デッドリフト 110
- バーを使ったスクワット 112
- ワイドレッグ・スクワット（脚のスタンスを広くしたスクワット） 114
- バーを使ったグッドモーニング・エクササイズ 116
- ベンチに上がるステップアップ 118
- フロント・ランジ 120
- ダンベルを使ったフロント・ランジ 122
- オルタネーティング・サイド・ランジ（左右交互に行うサイド・ランジ） 124
- スタンディング・ハムストリング・ストレッチ（立ってハムストリングのストレッチ） 126
- ベンチを使ったハムストリング・ストレッチ 128
- スタンディング・カーフ・レイズ（立って踵を上下させるふくらはぎエクササイズ） 130
- ダンベルを使ったカーフ・レイズ（踵を上下させるふくらはぎエクササイズ） 132
- カーフ・ストレッチ（ふくらはぎのストレッチ） 134

◎ あなた専用のプログラムをつくる　136

自分の体を知って効果的なトレーニングを　137
- 形態学に基づく３つの体型分類 137
- 自分のタイプに合わせたトレーニング 138

体型別プログラム　139
- Ａ体型（外胚葉型）のプログラム 139
- Ｂ体型（中胚葉型）のプログラム 140
- Ｃ体型（内胚葉型）のプログラム 142

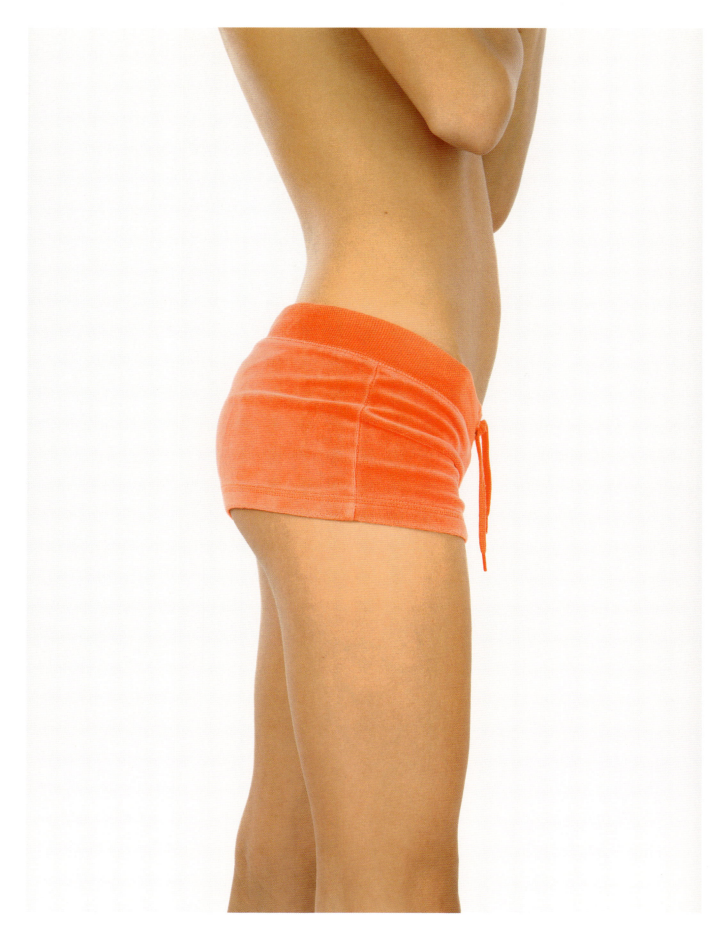

強く美しい体をデザインする

　スタイルを気にする女性はほどよく筋肉のついたタイトなお腹と形のいいヒップに憧れるのに、このいちばん気になる部分こそたるみがち。

　運動解剖学の著作で有名なフレデリック・ドラヴィエと国際的なセレブリティをクライアントにもつ有名コーチのジャン＝ピエール・クレマンソーが専門知識を結集して、コア・ヒップ・脚をわずか3カ月で改造したいとお望みの女性のために特にデザインされた新しいワークアウトプログラムをつくりました。

　ドラヴィエとクレマンソーが、コア・ヒップ・脚を強く、美しくすることに的を絞ったエクササイズをコーチします。エクササイズはそれぞれ写真と解剖学的イラストでていねいに図解されているので、鍛えたい筋肉のグループ（筋群）をすぐ、正確にイメージできます。ふたりは正しいポジションと呼吸法の専門家ですから、エクササイズごとにセット数と反復回数を細かく指示し、正確に安全にエクササイズできるように重要なアドバイスと注意を記しています。エクササイズ中の正しい呼吸も説明されています。それに従えば効果がアップし、引き締まった筋肉をつくれます。

　早く結果を出すには、少なくとも最低限の心肺機能を高める運動をすることをおすすめします。心臓はいわば体のモーター、コンディションが悪ければ、長時間のトレーニングに耐えられません。心臓のコンディションをよくする運動は、年齢にかかわらず、誰でも同じものでかまいませんが、その人の運動能力に適したオプションがいろいろあります。だから、同じエクササイズでも、10回、15回、20回と1セットの反復回数に幅があるわけです。

　エクササイズをできるだけ効果的にするには、ターゲットにする筋群の弱さを穴埋めするためにほかの筋群に頼らないこと。大丈夫、体の動きがよくなれば、だんだんターゲットの筋群だけを使えるようになります。

　エクササイズだけでは体重は減りません。あなたのライフスタイルに合ったバランスのいい栄養が決め手。本書を読めば、身体活動と体が必要とするエネルギーに応じて食事を調整できるようになります。ボディビルのスペシャリストとプロコーチの貴重なアドバイスがあれば、わずか3カ月でタイトなお腹、キュッと持ち上がったヒップ、引き締まった脚をつくるために必要なすべてがそろいます。

あなたのミッション

タイトなウエストと
キュッと持ち上がったヒップを

3カ月で

これから始めるあなたに 5つのアドバイス

ワークアウトプログラムを始める前に、次の5つのアドバイスをよく読んでください。知っておいたほうが正しいエクササイズができますし、成功の早道です。

① モチベーションが必須

あなたは自分の体が気に入らない？　やりたいことが制限されるとか、やりたいことができないと感じる？　体を変えて自信をつけたい？　女性がその一歩を踏み出し、運動を始めたり、やめてしまったエクササイズプログラムを再開したりするときは、それを決意させる瞬間が必ずあるもの。エクササイズを始める理由としては、健康になりたい、外見をよくしたい、緊張やストレス、うつ症状を軽くしたい、などが代表的です。

いくつものステップがあるとはいえ、生活の質（QOL）を改善したいにせよ、スタイルをよくしたいにせよ、まずはあなたのモチベーションが運動を支える原動力になります。そして努力する楽しさと目に見える結果があなたの燃料になります。前より調子がよく、体が引き締まった感じがする、心肺持久力が向上する、体重が減り、リバウンドしない。こんな結果があるから、体調や体形を元に戻すという目標を達成するモチベーションが維持できるのです。日ごとに、粘り強く頑張ったポジティブな結果に自分が気づくだけでなく、周囲の誰もがあなたの新しく手に入れた健康と幸せに気づくようになります。

どんな運動でも、やろうと決心するときは、新しい生き方を受け入れる選択をするようなもの。つまり、ジムに行く時間や本書のエクササイズでホームトレーニングをする時間をつくって習慣を変えようと決心するのです。これは食事を見直すということでもあります。バランスの悪い食事をしたまま、身体的な健康を手に入れる、ストレスを克服する、筋肉や関節の緊張を減らすということは不可能だからです。でも、ご安心を。こつこつ頑張れば、結果は見えてきますし、エクササイズをつづけるモチベーションも高まります。

ワークアウトは週何回がいいの？

もちろん、毎週エクササイズに割ける時間は、あなたの義務感とスケジュール次第です。たとえ週1回しかできなくても、全然しないよりはいい、まずこれは心得ておいてください。そのうえで、週2回が最低ライン、理想的には週3回です。ただし、エネルギーとやる気にあふれている人は、やりすぎないように気をつけて。エクササイズを再開するときにありがちな過剰なモチベーションは、オーバートレーニングの疲労のせいで、あっという間に失速しかねません。こつこつつづけて望む結果を出せるように一定のペースでやりましょう。最後に一言アドバイスを。ワークアウトの間は少なくとも1日空けること。筋肉は休んでいる間に成長するからです。

② ボディ改造に手遅れはない

30歳以上でこれまで一切運動してこなかった女性が、エクササイズを始めたいんですけど、と私(ジャン=ピエール)に相談するとき必ず口にする質問があります。「今から筋肉を鍛えようなんて遅すぎますか?」。答えはノー。あなたが筋肉をあまり使ってこなかったにしても、筋肉は今もそこにあるわけですから——ベストを尽くすことを待ち望みながら。だから、長年何も運動してこなかったとしても、シェイプアップへの道を歩みはじめることをためらわないでください。

筋肉が弱いと体つき全体がしまりなく見えます。皮膚は、伸びるものですから、筋肉の形を反映し、当然ながら、筋肉が弱いほど皮膚はたるみがち。加齢により、皮膚は弾力性を失います。だからこそ、筋肉の一定の緊張を維持するか、筋肉を鍛え直すことが必要なのです。やはり、始めるのが遅いほど、筋力トレーニングは時間がかかり、たいへんになります。60歳の人が上腕三頭筋を発達させるには2、3年かかりますが、30歳の人なら2、3カ月です。若いとき運動しなかったから、もうダメだわと思っている50歳のあなた、筋肉は70歳まで成長させることができるんですよ。だから、ぼやいていないですぐウェイトを手にして! ただし、ワークアウトのメニューは年齢と運動能力に合わせて調整することをお忘れなく。

私の生徒には70歳、75歳の人もいますし、80歳の人だっています。若い頃からずっと運動してきた人もいれば、40歳くらいから運動を始めた人もいますが、定期的にトレーニングをつづけている点では共通しています。もちろん、上半身を鍛えるためにプッシュアップ(腕立て伏せ)を30回やりなさいとは絶対に言いません! すこぶる健康だったとしても、心臓はそんな激しい運動に耐えられませんから。私が定期的にトレーニングを見ている70歳の生徒のエピソードをご紹介しましょう。彼女は若い頃からずっとテニスをつづけていましたが、何年か前に腰痛がひどくて断念せざるをえなくなりました。私と一緒に殿部(ヒップ)・背中・コアの筋力トレーニングを開始したのは3年前。今では、テニスを再開したばかりか、以前は自分より強かった友人たちに勝てるようになったのです! 彼女がどんなに喜んでいるか想像つきますよね。「自分に2度目の青春を与えたようなものね」とのこと。それでも彼女はワークアウトが嫌いですが。ちょっとしたエクササイズとそれで得た健康が、彼女の心まで変えました。彼女の筋肉が強くなれば、骨も強くなります。筋肉と同じで骨も運動によって強くなるからです。

③ 健康のためのエクササイズ

　心臓の健康を保つために、血液循環をよくするために、総合的な健康を守るために何か運動しなさいと医師から言われている人もいることでしょう。確かに、現代は、健康維持のためには、特に太りすぎの人は心臓血管疾患や糖尿病のリスクが高まるので、最低限の運動が必要だということを知らずにいるほうが難しい時代です。運動しない人は、35歳から70歳までに筋量の約1/4を失います。でも、定期的に運動すれば、筋肉はもっと持ちこたえますし、そう簡単にはくたびれません。定期的に運動すれば、抵抗力が高まり、心身の健康維持に役立つのです。長生きするには、健康体重を保ち、よく体を動かす、それしかありません。

④ 体の声に耳を傾ける

　はじめにお断りしておかなければならないのは、シェイプアップのためのエクササイズをしていいのは、運動できる健康状態で特に何も異常がない人に限られるということです。腰痛とか筋肉や関節の問題がない人という意味です。

　人間の体はとてもうまくできていて、深刻な問題になる前に必ず警告を発します。残念なことに、このシグナルの読み取り方を知らない人（知りたくない人）がたくさんいます。たとえば、腱の異常を知らせる肩の痛みを無視すれば、3週間は運動できなくなります。何かの前触れの腰痛をあえて無視してしまうこともあります。体の声に耳を傾けて、どんな痛みも見逃さないようにしましょう。繰り返し起こる痛みは、筋肉のけいれんや神経の炎症の徴候です。疑わしいなら、運動を中止して、痛みがぶり返す前に医師の診察を受けてください。痛む部分やけいれんしている筋肉を動かすのはとても危険だと肝に銘じること。体がこわ

ホームトレーニングのメリット

　家でエクササイズするメリットはたくさんあります。まず、実用的ですし（時間の節約になり、いつでも好きなときにできる）、高いジムの会費を払わなくていいので経済的です。本書とトップコーチのプロフェッショナルなアドバイスを参考にすれば、家でエクササイズしてもジムに行くのと遜色ない効果があるとわかります。集中力が高まるのは、てきぱきと効き目のあるワークアウトをするときだけ。だらだらとどこに効いているかわからないようなワークアウトをするのは無駄なのです。

　1つ簡単なコツを言うなら、自分のワークアウトを撮影することです。鏡の前でエクササイズしていても、ビデオで自分を見たほうが、エクササイズを正しく行っているかどうかほんとうによくわかります。こうすれば、自分で誤りを修正し、上達していけます。

ばっている感じがするなら、筋肉が縮み、血液がスムーズに流れていないということです。この状態で筋肉を動かしても、筋線維への影響はひどくなるだけ。筋肉を動かす前に、少しストレッチをして腕や脚をリラックスさせ、筋肉を伸ばすようにしてください。体が動きやすくなったら、シェイプアップのためのエクササイズを始めてOKです。

　私は自分の体が何を私に伝えようとしているかに細心の注意を払おうと努めています。あるとき腹筋が痛くなり、自分の体を熟知しているにもかかわらず、痛みの原因がわかりませんでした。すぐに超音波検査を受けたところ、エクササイズのやりすぎによる腹筋の線維の微細な断裂にすぎないと判明しました。ワークアウトの最後にやりすぎてしまうのは典型的な間違い。とっくに疲労していた体が、痛みで反応したわけです。ほら、私でさえ、こんな間違いをやらかすんですよ！

⑤ キレイのためのエクササイズ

　確かに定期的な運動は細いウエストとスリムな脚を保つベストな方法ですが、1度や2度ジムで運動しただけで体重計に飛び乗るのは無意味です。がっかりするのがオチだからです。私のクライアントが落胆するのを見るたびに言っていることですが、あなたも知っておいたほうがいいです。運動で体重は減りません。体重を決めるのは食事、食事だけ。1カ月ワークアウトをつづけたけれど見た目に何の変化もないという生徒に、私はこう説明します。週2、3回のワークアウトを最低でも2カ月はつづけないと奇跡は起きないと。

　大丈夫。定期的にパワフルなエクササイズをすれば、いずれ脂肪が落ちて筋肉がつきます。ただし、体重計を見て判断を曇らせないほうが賢明。筋肉は脂肪より重いからです。エクササイズを始めた人がほっそりして引き締まったように見えるのに、体重はまったく変わらない、どころかわずかに増えている、ということがあるのはこのためです。あるエクササイズメニューに体が適応するまでの時間には個人差があることをお忘れなく。同じ年齢の2人が同じエクササイズを同じスケジュールで行っても、体形は同じスピード、同じ経過では変わらないもの。

栄養：健康の土台

ボディ改造のための正しいエクササイズをいくらやろうとも、健康と体調の問題について話す前に、栄養のバランスの大切さを強調しておかなくてはなりません。はっきり言って、簡単な毎日の栄養計画もなしに健康やバイタリティを求めても無理。とはいえ、あれを食べちゃダメ、これを食べちゃダメと言うつもりはありません。そんなものはないんですから。何か特定のダイエット（食事制限）をやりなさい、と言うつもりもありません。体には糖分だって脂肪だって必要なんですから。もちろん、好きなだけ、いつでも、ではありませんが。

このダイエットというのは、何でも少しずつ食べるということにつきると思いますが、これがそう簡単にはいきません。厳しいダイエットで体を混乱させたり、代謝を妨げたりしないように、体が何を求めているかよく聞いて、年齢と活動レベルに応じて栄養を摂れるようにぜひなってください。

栄養のルール

ダイエットと食事を見直す

まず、年をとれば、体が今までのようには反応しなくなるということを覚えておいてください。正しい食事と運動の組み合わせが、健康で引き締まった体形をできるだけ長く維持するための前提条件になります。30歳を過ぎると、代謝が変化し、消化力も落ちます。これは特に女性に影響を与える現象です。細胞が消化液をあまり分泌しなくなるので、食物の吸収が遅くなり、簡単ではなくなります。そこで、食べる物と食事のタイミングを見直し、濃厚すぎて消化しにくい食物の摂取を控える必要が出てきます（特に夜）。この件については後でまた説明し、覚えやすい基本ルールをお教えします。それを参考にすれば、栄養に関して体が求めていることとは正反対のことをしてしまう傾向を、特に朝昼晩とだんだん重たい食事をするのを避けやすいでしょう。

1日に必要なエネルギーとカロリー

男 性	
活動レベル低い	2,400キロカロリー/日
たんぱく質	90 g
脂肪	90 g
炭水化物	310 g
活動レベル普通	3,000キロカロリー/日
たんぱく質	100 g
脂肪	90 g
炭水化物	450 g
活動レベル高い	3,500-4,500キロカロリー/日
たんぱく質	110-120 g
脂肪	95-115 g
炭水化物	470-800 g

女 性	
活動レベル低い	2,000キロカロリー/日
たんぱく質	75 g
脂肪	75 g
炭水化物	250 g
活動レベル普通	2,300-2,500キロカロリー/日
たんぱく質	90-95 g
脂肪	90 g
炭水化物	330 g
活動レベル高い	3,000-3,500キロカロリー/日
たんぱく質	100-110 g
脂肪	90 g
炭水化物	470-580 g

運動中に使われるエネルギー

　長時間の中程度以下のワークアウトをしているとき、体の細胞は必要なエネルギーのほとんどを脂肪組織、つまり皮下脂肪から得ます。

　運動強度が高くなると、筋肉はそれに反応するために短時間で多くの燃料を必要とします。そこで、炭水化物を燃やし、並行して脂肪燃焼量を減らすプロセスが始まりますが、30-40分の持続的な活動の後は、体は多くのエネルギーを体脂肪でまかないます。

ワークアウト後の空腹にご用心

　ハードなワークアウトをした後はお腹がすくとお気づきかもしれません。確かに、運動の後は、代謝が遅く、弱くなり、筋肉がリラックスし、炭水化物の蓄えが激減するので、空腹感が誘発されます。

　でも、ここで甘い飲み物や太るもとのデザートに手を出してはいけません。食事の時間まで待てないなら、やや酸味のある果物(p.19の表参照)1つか2つと無脂肪のカッテージチーズを少し、または低脂肪ヨーグルトを食べてください。実際のカロリーはあまり高くないのに空腹感が満たされるものならエナジーバーを食べてもOK。エナジーバーは、ドライフルーツやチョコレートが材料のものより、リンゴや穀物(シリアル)が材料のものがおすすめ。

軽い食事のサンプルメニュー	
1日の合計：1,605キロカロリー	
朝食：510キロカロリー	
コーヒーか紅茶	0 kcal
（砂糖を入れると）	20 kcal
低脂肪バターをぬったパン2枚	360 kcal
プレーンヨーグルト1つ	65 kcal
オレンジジュース、グラス1杯	65 kcal
昼食：400キロカロリー	
魚の切り身1切れ（蒸すか焼くかして100g）	90 kcal
緑色野菜（100g）	25 kcal
低脂肪ドレッシングをかけたグリーンサラダ	45 kcal
チーズ（30g）	110 kcal
カスタード、カップ1杯	130 kcal
夕食：695キロカロリー	
生野菜1皿（150g）	165 kcal
ポテトオムレツ（卵2個、じゃがいも50g）	195 kcal
低脂肪ドレッシングをかけたグリーンサラダ	45 kcal
ヤギ乳チーズ1切れ（40g）	190 kcal
低脂肪カッテージチーズ	100 kcal

重い食事のサンプルメニュー	
1日の合計：4,310キロカロリー	
朝食：830キロカロリー	
コーヒーか紅茶	0 kcal
（砂糖を入れると）	20 kcal
クロワッサン1つ	205 kcal
バターをぬったパン2枚	400 kcal
オレンジジュース、グラス1杯	65 kcal
フルーツヨーグルト1つ	140 kcal
昼食：1,850キロカロリー	
アボカド	360 kcal
牛肉1切れ（140g）	310 kcal
フライドポテト1人前（140g）	560 kcal
ヤギ乳チーズ1切れ（40g）	190 kcal
バニラアイスクリーム2スクープ	230 kcal
赤ワイン、グラス2杯	200 kcal
夕食：1,630キロカロリー	
フムス（ひよこ豆のペースト）をのせたトースト2枚	400 kcal
ハム・ソーセージ類の盛り合わせ	550 kcal
ポテトグラタン（1カップ）	230 kcal
赤ワイン、グラス1杯	100 kcal
ドレッシングをかけたグリーンサラダ	75 kcal
フルーツタルト1切れ	275 kcal

ウエストをスリムにするダイエット

ウエストまわりのサイズダウンをねらうなら低炭水化物（糖質制限）ダイエットが最も効果的。糖分は、それにアルコールもウエストまわりに脂肪を溜め込むもと。だから、パン、パスタ、ご飯、スイーツ、菓子パンを食べるのはほどほどに。特に気をつけたいのは甘い炭酸飲料（ソーダ）。糖分とカフェインの両方がたっぷり含まれているからです。ソーダは糖の吸収を促進するので、健康とウエストラインにとって百害あって一利なしと思ってください。

タイトなお腹のためのサプリメント

分岐アミノ酸（BCAA）やカルシウムなどのサプリメントには、次のような働きがあります。

→BCAAには3つの必須アミノ酸（ロイシン、イソロイシン、バリン）が含まれます。この3つのアミノ酸で全筋肉たんぱく質の1/3を占めま

す。しかし、合成に必要な酵素がないため体内ではBCAAを合成できません。BCAAの必要量は食事かサプリメントで満たすしかないのです。BCAAの役割としては、筋肉の強化を促進する、脂肪の蓄積に対抗する、成長ホルモン(抗脂肪ホルモンの一種)の分泌を刺激する、飢餓感を抑制するホルモン(レプチン)の分泌を支える、運動中やダイエット中の心身の疲労に対抗することが挙げられます。BCAAのサプリメントとしては、粉末、カプセル、タブレット、高濃度プロテイン(ホエイプロテインやカゼインプロテイン)があります。

→カルシウムは特に乳製品に多く含まれるミネラルで、骨の健康に必須の役割を果たします。最近の研究でカルシウムに脂肪の蓄積を防ぐ作用があることがわかりました。ダイエット中はカルシウムを多く摂ったほうがいいわけですが、食事量が減るのでそれを満たせない可能性が大。その対策の1つはサプリメントで補うこと。乳製品を摂取すると摂取カロリーも増えてしまうからです。カルシウム必要量は年齢によって変化します(思春期には1日1.3g、成人は1g、50歳以上の人は1.3g)。理想的には、カルシウム必要量の2/3を夜に、1/3を朝に摂取してください(カルシウムは朝よりも夜に補ったほうが効果的)。ダイエットに効果的とはいえ、1日2.5g以上のカルシウムを摂らないように注意(カルシウムの減量効果には上限がある)。

エネルギーをくれる栄養素

健康でいるためには、体に燃料が必要。たんぱく質、炭水化物、脂肪は体に必要なエネルギーを供給する必須栄養素です。

果物の分類			
酸味のある果物		**やや酸味のある果物**	
マンダリンオレンジ	10 kcal	アンズ	22 kcal
レモン	20 kcal	イチゴ(100g)	35 kcal
グレープフルーツ	40 kcal	ラズベリー(100g)	40 kcal
オレンジ	50 kcal	モモ	45 kcal
ブラックカラント(100g)	41 kcal	リンゴ	52 kcal
パイナップル(100g)	54 kcal	ナシ	60 kcal
		酸味のあるブドウ(白ブドウ100g)	70 kcal
甘い果物		**でんぷん質の多い果物**	
マンゴー(100g)	64 kcal	プルーン	26 kcal
甘いリンゴやマスカット	70 kcal	バナナ	90 kcal
サクランボ(100g)	77 kcal	クリ(100g)	180 kcal
生のイチジク	80 kcal	デーツやドライフルーツ	300 kcal
メロン類			
メロン(100g)	27 kcal	スイカ(100g)	30 kcal

たんぱく質(アミノ酸)

たんぱく質は含まれるアミノ酸によってさまざまな種類があります。たんぱく質は炭素・酸素・水素・窒素で構成されます。1分子のたんぱく質は約20種類のアミノ酸から成ります。生命はたんぱく質なくては存在できません。細胞を修復し、維持するのも、炭水化物や脂肪の適切な吸収を補助するのもたんぱく質なので、体をつくるのに欠かせない成分なのです。

細胞は自分のたんぱく質の一部を合成できないので、この必須の体構成成分は食事から摂るしかありません。皮膚の線維芽細胞は、皮膚に弾力を与えるコラーゲン線維をつくるためにたんぱく質を必要とします。たんぱく質は、赤身の肉、鳥肉、ハム・ソーセージなどの加工肉、牛乳、チーズ、卵、魚、甲殻類に含まれます。たんぱく質はエネルギー源でもあり、カ

ロリーを多く含みます。つまり、タンパク質を食べているなら、糖分や脂肪は減らしたほうがいいということ。 体の必要量より多くたんぱく質を摂るとどうなるでしょう? 代謝されてやはり脂肪に変換されてしまいます。たんぱく質を分子の形状から分類すると、線維状たんぱく質と球状たんぱく質の2種類あります。線維状たんぱく質は不溶性で、髪・皮膚・筋肉・腱・軟骨など、体のさまざまな組織の構造をつくります。球状たんぱく質は溶解性で、生化学反応によって多種多様なホルモン(成長ホルモンなど)や抗体になります。

脂肪(脂肪酸)

　脂肪は主に炭素・酸素・水素で構成されます。ほとんどが動物か植物に由来する脂肪性物質で多種類のビタミン、特にビタミンA・B・Eを含みます。脂肪は、燃焼するとき体にエネルギーを供給し(カロリーは体温維持に役立つ)、代謝の過程で脂溶性の栄養素の溶媒としても機能します。過剰な飽和脂肪(動物性脂肪と硬化油—マーガリン、ショートニングなど—)は血中コレストロール濃度の上昇と体重オーバーにつながります。動物性脂肪を含む食品はバター、マーガリン、卵、加熱調理済チーズ・フレッシュ(生乳)チーズ、ヨーグルト、ハム・ソーセージなどの加工肉、牛乳、魚、赤身の肉です。植物性脂肪を含む食品は、パスタ、乾燥野菜、ナッツ、アーモンド、小麦粉、パン、植物油です。

　脂肪は2つのグループに分類できます。1つは常温で固体の飽和脂肪、加工肉、乳製品、卵など。もう1つは常温で凝固しない脂肪がすべて該当する不飽和脂肪、野菜、魚、アボカド、オリーブオイルなど。

　最後に知っておいてほしいことを1つ。コレステロールも脂肪の1種です。善玉・悪玉と言われますが、食物に悪玉コレステロールは含まれていません。体が代謝の異常で悪玉を生み出すだけです。そういうわけで、卵黄(オムレツをつくるなら、卵白2個分と卵黄1個分で)、臓物、バター、加工肉、脂肪分の多いチーズは、ほどほどに食べましょう。

炭水化物(糖質)

　何よりもまず、炭水化物は糖からつくられる物質で、脂肪と同じく炭素・酸素・水素で構成されます。炭水化物はエネルギー源となる栄養素で、激しい運動のときの持久力を増進します。

炭水化物には2種類あり、多かれ少なかれ、体にすばやく吸収され、燃やされます。

　→即効性の糖質(単純炭水化物)
すぐに吸収される：果物、ジャム、キャンディ類、菓子パン、ハチミツ、ショ糖(テーブルシュガー)
　→遅効性の糖質(複合炭水化物)
でんぷん質を含むもの：ジャガイモ、エンドウ豆、レンズ豆、パスタ、米、パン
吸収されて実際の燃料になるまでに数時間かかる。

体の必要量より多く炭水化物を摂るとどうなるでしょう？ グリコーゲンとして肝臓と筋肉に、脂肪として細胞に貯蔵されます。炭水化物の食べすぎは、つまりカロリーの摂りすぎ。これは代謝障害の原因になり、肥満、糖尿病、消化不良、さらには虫歯にまでなりかねません。

ビタミン

ビタミンは体が正常に機能するために欠かせない栄養素です。食物の代謝を活性化し、体がエネルギーをうまく利用できるようにします。

❋ ＝多く含む食品　➡ 成人の推奨量

ビタミンA は成長ビタミンです。
視力、皮膚、髪、丈夫な歯や骨に欠かせません。肺、消化管、尿路の粘膜を感染から守ります。
- ❋ バター、牛乳、チーズ、卵黄、子牛のレバー、魚、ホウレン草、レタス、ニンジン、アンズ、メロン、赤い果物全般。
- ➡ 12ミリグラム／日

ビタミンE は抗くる病およびアンチエイジングのビタミンです。
- ❋ バター、ヒマワリ油、オリーブオイル、卵黄、脂肪分の多い魚、トウモロコシ、小麦
- ➡ 20ミリグラム／日

ビタミンF は組織の弾力性と正常な腸の機能を保つのに役立ちます。
- ❋ 小麦胚芽、ヒマワリ油
- ➡ 2-6ミリグラム／日

ビタミンK はすぐれた抗出血性物質です。血液の凝固を促します。
- ❋ ホウレン草、ジャガイモ、果物、キャベツ、トマト、植物油、レバー、ヨーグルト、卵黄
- ➡ 4ミリグラム／日

ビタミンB_3（ナイアシン） は正常な細胞機能に必要です。胃腸障害や皮膚の脱水を防ぎます。
- ❋ サケ、トマト、ナッツ、小麦胚芽、子牛肉
- ➡ 15ミリグラム／日

ビタミンB_1とB_2 は中枢神経系と細胞にとって欠かせません。ビタミンB_1は糖と脂肪の代謝をコントロールします。ビタミンB_2は皮膚の状態を改善します。この2つのビタミンは、ウイルス・疲労・ストレスなど、外からの攻撃に対する体の抵抗力を高めるはたらきがあります。
- ❋ B_1：レバー、豚肉、ラディッシュ、卵黄、野菜、ドライフルーツ
  B_2：魚、シリアル、プルーン、マッシュルーム
- ➡ 1-2ミリグラム／日

ビタミンC はまさに万能薬です。
疲労を撃退する、カルシウムの吸収をコントロールする、骨格の成長に関与する、免疫系の反応を刺激する、というはたらきがあります。副腎がストレスに反応してホルモンを合成するのはこのビタミンがあるからです。歯、歯肉、靭帯、血管を強くし、傷の治りを早めます。
- ❋ かんきつ類、リンゴ、ナシ、キウイ、イチゴ、ブドウ、新鮮な野菜全般、サラダ、ブロッコリー、キャベツ、クレソン、パセリ。トウガラシはビタミンCがとても豊富です。
- ➡ 70ミリグラム／日

ビタミンD はカルシウムを骨に固定します。したがって骨格の形成に欠かせません。くる病を防ぐ効果にすぐれています。
- ❋ シーフード、魚、バター、牛乳、卵黄
- ➡ 1-2ミリグラム／日

ミネラルと微量元素

　ミネラルと微量元素は、ごく微量ながら、代謝のバランスを整えるために絶対に必要です。それぞれ体内の化学反応に関わりますが、人体のわずか1％を占めるにすぎません。主に食物とミネラルウォーターが供給源です。微量元素が1つでも欠乏すると、体がほかのエネルギー源に頼ることになり、エネルギーのバランスが崩れる恐れがあります。そうなると、極度の疲労、突然の疲労感、血圧の低下などのリスクがあります。

 ＝体内での作用　　 ＝多く含む食品
⊗ ＝副作用と毒性
➡ ＝成人の推奨量

リン は骨格の形成に必要です。

- ★ 炭水化物、たんぱく質、脂肪の代謝。組織の成長・修復・維持。エネルギーの産生。筋肉の収縮にも必要。
- ✸ 乳製品、グリュイエールチーズ、卵黄、米、レンズ豆、大豆、乾燥豆、アーモンド、ナッツ、肉、魚、鳥肉、卵、全粒穀物、植物油
- ⊗ わかっているものはなし
- ➡ 1,000-3,000ミリグラム／日

カリウム はたんぱく質と炭水化物の間に化学的に介入することで血圧を調節します。この金属は、塩の形で広く存在し、体内の電解質バランスに重要な役割を果たします。

- ★ 細胞の内外で適切な水分バランスを維持する、正常な発育を促す、筋肉を収縮させる神経インパルス（神経線維を伝わる活動電位）を伝達する、グルコース（ブドウ糖）をグリコーゲンに変換することやアミノ酸から筋肉たんぱく質を合成することに関与する。
- ✸ ジャガイモ、チョコレート、バナナ、果物、緑色野菜
- ⊗ 心臓障害
- ➡ 2.5-3.5ミリグラム／日

カルシウム は骨や歯を強くします（カルシウムの99％が骨や歯に存在する）。細胞膜の浸透性にも役割を果たし、血液凝固のいくつかの段階に必要です。靭帯や関節を保護し、筋肉を収縮させる神経インパルスに関与します。

- ★ 体の構成成分。成長と筋肉の収縮、および神経インパルスの伝達に不可欠。
- ✸ ミネラルウォーター全般と乳製品（吸収されるカルシウム源となるもののみ）、牛乳、ヨーグルト、カッテージチーズ、チーズ
- ⊗ 一定の組織の過剰な石灰化、便秘、ほかのミネラルの吸収抑制
- ➡ 1,000ミリグラム／日

クロム は糖と脂肪の代謝を安定させます。必要な摂取量はごく微量にすぎませんが適切なバランスに欠かせません。過剰になると毒性があります。

- ★ 糖と脂肪の正常な代謝。
- ✱ ビール酵母、コーン油、全粒穀物、レバー、肉
- ⊗ 腎臓・肝臓障害
- → 2-3ミリグラム／日

ナトリウム は血中と細胞外液中に多い元素です。体内の水分バランス維持と血圧調節に必須です。

- ★ 細胞の内外で適切な水分バランスを維持する、筋収縮、神経インパルスの伝達、ほかの血中イオンの溶解を可能にする。
- ✱ 全食品に含まれる
- ⊗ 水分貯留と高血圧
- → 5ミリグラム／日

ヨウ素 は視力と皮膚にとって大切なはたらきをします。

- ★ エネルギーの産生、成長と発達、代謝。甲状腺のバランスに必須。
- ✱ シーフードとマッシュルーム。日常的なヨウ素添加塩＊の摂取で必要量を十分にカバーできる。
- ⊗ 甲状腺肥大
- → 100ミリグラム／日

マグネシウム は筋肉を弛緩させるはたらきがあります。神経インパルス（あるニューロン[神経細胞]のグループから同じ身体部位に信号を伝える神経線維の束）の伝達を促進し、細胞を活性化し、心臓の組織を保護します。

- ★ 炭水化物とたんぱく質の代謝、神経筋の収縮
- ✱ 乾燥野菜、シーフード、ココア、ドライフルーツ、一部のミネラルウォーター、全粒穀物、小麦胚芽、スイスチャード、菓子パン、アーモンド、オートミール
- ⊗ 摂取量が多いと毒性あり
- → 男性 400ミリグラム／日
  女性 350ミリグラム／日

鉄 はヘモグロビン＊をつくるのに欠かせません。筋肉運動を増進し、心筋に作用します。毒素の排出も促します。体内で鉄が欠乏すると疲労、めまい、貧血が起こります。

- ★ 酸素を組織に運搬してエネルギーを与え、酸素を運搬する赤血球細胞を形成する。
- ✱ レバー、ブラッドソーセージ（血液を材料に加えたソーセージ）、牡蠣、脂肪のない肉、シーフード、臓物、牛肉、卵、緑色野菜、ホウレン草、パセリ、小麦、大豆
- ⊗ 摂取量が多いと毒性があり、酸化剤となる。胃腸障害を起こすことがある。肝臓、すい臓、心臓の活動に有害。
- → 12ミリグラム／日

＊ 赤血球細胞に含まれる色素結合たんぱく質。血中で酸素を運搬する。

亜鉛 は成長と臓器の正常な発達に欠かせません。

- ★ 傷ややけどの治癒にすぐれている。たんぱく質とホルモンの活性を調節する。成長、生殖、神経系に必須。
- ✱ 甲殻類(特に牡蠣)、魚、乾燥野菜、緑色野菜、子牛肉、七面鳥、小麦胚芽、全粒穀物、ナッツ、ヘーゼルナッツ、大豆、子牛と羊のレバー。フラクトース(果糖)が亜鉛の吸収を補助する。
- ⊗ 摂取量が多いと、銅の欠乏や血中コレステロールが高くなるのが観察されている。
- → 10-15ミリグラム／日

編集注：
成人の推奨量については、日本人の場合は異なる場合があります。厚生労働省の「日本人の食事摂取基準」を参照してください。
◆ 日本人の食事摂取基準(2015年版)
http://www.mhlw.go.jp/file/04-Houdouhappyou-10904750-Kenkoukyoku-Gantaisakukenkouzoushinka/0000041955.pdf

＊ヨウ素添加塩については、ヨウ素が不足しやすい国では食塩に添加することが義務づけられている場合があるが、日本は海に囲まれ、海産物を主とした高ヨウ素摂取の伝統的食習慣があるため、不足が問題となることはあまりありません。

ヒップと腹筋を効果的に鍛えるために
知っておきたいこと

ヒップの筋肉と腹筋のトレーニングは、美しいシルエットをつくり、目ざわりな脂肪を落とすのに効果的。ほしい結果を手に入れたいなら、トレーニングプログラムを始める前に知っておいてほしいことがあります。

美しいヒップをつくる

美的な観点から、ヒップには間違いなく独特の役割があります。均整のとれた丸みのあるヒップは注目の的。ヒップをターゲットにしたエクササイズの目標は、ヒップをシェイプし、その輪郭を整えることです。

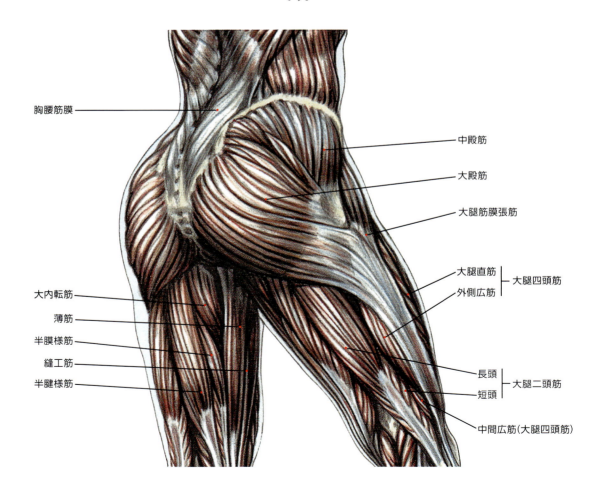

ヒップを解剖学的に説明すると

ヒップはいくつかの筋肉で構成されています。それぞれに特定の機能があり、曲線美に影響します。

→大殿筋は人体のなかで最大にして最強の筋肉。ヒップの大部分を占めています。これが引き締まっていれば、丸みを帯びたヒップラインに。

→中殿筋はヒップの外側にある股関節の外転筋。これが発達していると、ヒップの上部が引き締まり、魅力的な曲線を描き、腰のくびれが美しく見えます。脚を横に上げるエクササイズで股関節を伸ばす筋肉です。

→小殿筋は中殿筋の下の深層にあり、これも股関節の外転筋。これがたるんでいると、俗に言う「サドルバッグ」状態に脂肪がつきます(p.32の図の②)。

殿筋の役割

ヒップには脂肪組織が多く、それを支える殿筋と合わせてヒップと呼ばれます。ヒップは、走るスピードを上げるときに、ハムストリングという大腿の筋肉をサポートします。だから、ゆっくり歩くときはあまり使われませんが、スピードを上げると、たちまち活動しはじめます。

効果的なワークアウトのためのヒント

→ヒップを引き締めたいなら、定期的な運動とバランスのとれた食事が必要。というより、部分的な筋肉の発達をねらうとき、エクササイズだけでは高い効果は望めません。理想的な食事を組み合わせることが不可欠。さらに、できれば食事の前に引き締めエクササイズを行うことがおすすめ。

→エクササイズの効果を高めるには、エクササイズ中ずっと、できるだけしっかりヒップを絞っておくこと。初めのうちは難しいかもしれませんが、何回かやるうちに、本気で集中していれば自動的にできるようになります。

→脂肪をあまり落とす必要がないなら、エクササイズは予防になります。脂肪は日常生活であまり使わない筋肉の上につくもの。ヒップの筋肉と腹筋はめったに動かしません。だからヒップとお腹には脂肪がつきやすいのです。

ウォームアップの大切さ

ウォームアップはどんな運動をする前にも欠かせないステップです。

エクササイズの前にウォームアップをしておくと、体がきちんと機能します。筋肉や関節の柔軟性が高まり、関節や腱のケガを予防することができます。さらに、エクササイズの前に心臓の血管にたっぷり酸素が供給され、心肺機能が向上します。関節をほぐし、柔軟性を高め、心肺機能をならしておくために、5-10分だけでいいので徐々にウォームアップをしてください。

ウォームアップをすると体温が上がります。この熱が滑液（関節腔を満たす天然の潤滑剤）を温め、その結果、関節の可動域が広がります。体が温まると筋肉の抵抗力が高まり、体が冷えるとその逆になります。最後にもう1つ、ほどよいウォームアップは心の準備の点でもプラスになります。体が冷えているよりは温まっているほうが、気分がよく、集中できるからです。

ウォームアップを省略すると、後でどこか痛くなったり、効果的にトレーニングできなくなったりします。ウォームアップをすれば、体は快適で柔軟になり、しかも集中力が高まる、とやって損はありません。

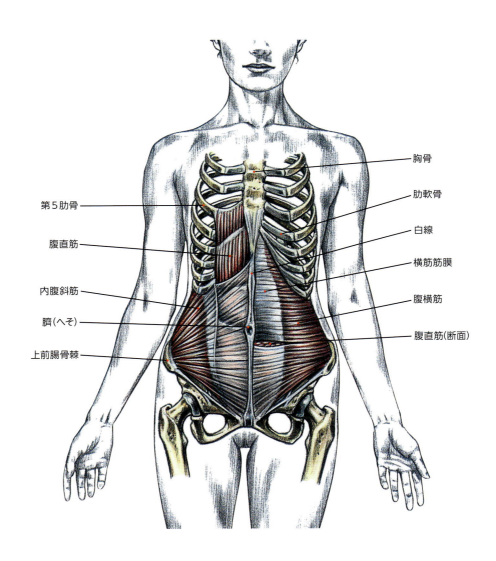

タイトなお腹をつくる

コアの筋肉と腹筋はボディの美しさの主役。ターゲットをしぼったエクササイズなら、ほどよく筋肉の発達した引き締まったお腹を数カ月で達成するのは不可能じゃありません。

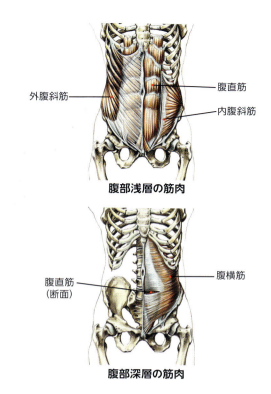

腹部浅層の筋肉

腹部深層の筋肉

腹筋を解剖学的に説明すると

腹筋は次の4つの筋肉で成り立ちます。

1. 腹直筋(いわゆる腹筋)。
2. 外腹斜筋(腹直筋の両側にある)。
3. 内腹斜筋(外腹斜筋の下にある)。
4. 腹横筋(腹斜筋の下にある)。

あるサイズに発達させたい筋肉とは違って、腹筋の場合は、筋肉をくっきりさせてウエストを細く保つことが最大の目的です。

ウエストをスリムにする筋肉

お腹をへこませるのに腹直筋はもちろん大切です。でも、腹直筋ほど知られていないかもしれませんが、ウエストをできるだけ細くするのに活躍してくれる筋肉はほかにもあります。

→腹横筋はコルセットような役目を果たします。

→腹横筋ほどではありませんが、内・外腹斜筋も引き締まっていると美しいウエストラインになります。ただし、筋肉隆々になりすぎては逆効果。

腹筋の役割

腹筋といえば、真っ先に思い浮かぶのはきっと見た目がどうかということのはず。くっきりと発達した腹筋イコール余分な脂肪のまったくないタイトなお腹です。でも、母なる自然が腹筋を与えてくれたのは、スタイルをよくするためだけじゃありません。腹壁は運動と健康に欠かせない機能を受け持っています。腹壁をケアすべき理由は6つあります。

1. **運動能力が向上する。** コアの筋肉は、ゴルフやテニスなど、速く走ったり、体幹をねじったりすることが必要な運動すべてに大きな役割を果たします。

2. **背骨を守る。** 腰の筋肉と協力して、腹筋は背骨を支えます。コアと腹筋が弱く、お腹が出ていると、腰を痛めるリスクが高くなります。

残念ながら、腹筋の下部は上部に比べて鍛えるのにかなり苦労します。腹筋上部の強さを頼りにブリッジをすることはできます。とはいえ、背骨を守り、お腹ぽっこりを防ぐのに最も重要な役割を果たしているのは腹筋下部なのです。それに最も脂肪がつきやすいのもここ。だから、腹筋の上部と下部、両方のエクササイズが入っていなければよいトレーニングプログラムとは言えません。体幹（胴体）を起こすタイプのエクササイズはほぼ腹筋上部だけを使う（100％ではありませんが）と覚えておいてください。骨盤を持ち上げるタイプのエクササイズのほうがもう少し腹筋下部がターゲットになります。

効果的なワークアウトのためのヒント

→腹筋とコアのエクササイズを1セットやる間は自然に呼吸することが大切です。息を止めがちですが、それは誤り。呼吸をすると、運動中の筋肉に酸素が供給され、持久力が高まるからです。

→ニセモノ腹筋エクササイズに注意！　残念ながらニセモノをざらに見かけます。それでは効果がないばかりか、背骨にとって危険です。よいエクササイズと悪いエクササイズを見分ける方法が1つあります。腹筋が収縮すると、下背部(腰)は丸くなります。だから、背中が丸くなるのではなく、腰が反ってしまうエクササイズでは、腹筋を効果的にトレーニングすることはできません。

→頭のポジションに注意！　頭のポジションは筋肉の収縮を大きく左右します。頭を後ろに反らすと、背骨を支える腰の筋肉が反射的に収縮し、腹筋はゆるむ傾向があります。

この収縮があまり強くないとしても、そうなるのは

3. 筋肉の緊張を緩める。　寝る前に数分でも腹筋とコアの運動をしておけば、腰の筋肉がリラックスし、背骨を日中かかった重圧から解放することができます。朝めざめたときの背中の痛みにサヨナラしましょう。

4. 消化がよくなる。　コアと腹筋の運動は消化をよくしてくれるので、腹部膨満感や便秘の予防になります。

5. 糖尿病などの病気の危険因子を減らす。

6. 心血管の健康を維持する。　コアと腹筋の運動は、心肺機能を向上させるすばらしい運動（有酸素運動）です。ランニングに似た効果がありながら、膝や背骨を痛める心配はありません。

避けられません。逆に、頭を前に傾けると、腹筋が収縮し、腰の筋肉はゆるみます。したがって体は前に丸まる傾向があります。いちばん多い誤りは、頭を前に傾け、背中を丸めなくてならないときに天井を見上げてしまうことです。理想的には、常に自分のお腹を見ているようにしましょう。何よりもやってはいけないのは、頭を左右に動かすこと。こうしても何の役にも立たないうえ、正しい筋収縮を妨げたり、頸椎を痛めたりする恐れがあります。同様に、エクササイズがきつくなってくると頭をせわしなく動かすのも逆効果。そうなったら、むしろ体をしっかり安定させるようにしてください。

→シットアップのときの手と肘の位置に気をつけて。首を引っ張りすぎないようにするために、手は後頭部で組まず、耳に添えます。両肘を離すほど、エクササイズが難しくなることに注意。逆に、両肘を近づけて、正面にもってくるほど、エクササイズは簡単になります。

→お腹を引っ込めることと腹筋を収縮させることを混同しないで。タイトなジーンズをはくとき、ボタンが留まるように腹筋を引き上げてお腹をへこませますよね（筋肉が収縮して緊張するわけではない）。しかし、腹筋の収縮とは筋線維の収縮です。筋線維の収縮によって腹部が鍛えられ、引き締まります。全身の強さの源はコアであるということ、コアの収縮が体を安定させ、支えと力になることを忘れないでください。腹筋を収縮させず、お腹を引っ込めるだけで腹筋エクササイズをやったつもりなら、腹筋が発達するチャンスはまったくありません。

正しい背中のポジション

腹筋エクササイズをするときは、背中を丸めてください。ほとんどの腹筋エクササイズがそうですが、仰向けで脚を上げるタイプのエクササイズでは絶対に背中を反らさないこと。

正しい姿勢：丸くなった背中　　誤った姿勢：反った背中

誤った姿勢：反った背中

正しい手と肘の位置

首を引っ張りすぎないようにするために、手は後頭部で組まず、耳に添えてください。両肘を離すほど、エクササイズが難しくなることに注意。逆に、両肘を近づけて、正面にもってくるほど、エクササイズは簡単になります。

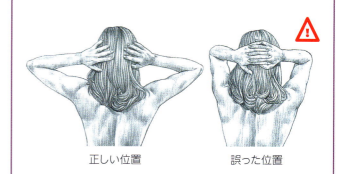

正しい位置　　　　　誤った位置

骨盤の後傾

腹壁は股関節から肋骨までを覆う幅広のベルトだとイメージしてください。ベルトの幅は変化しませんが、ベルトをきつくしたり、ゆるくしたりできます。

お腹を引っ込めることと腹筋を収縮させることは同じではありません。でも、へそがベルトのバックルのつもりで、肋骨は動かさずに、へそを背骨に引き寄せてベルトをぎゅっと締める、とイメージすると腹筋を使いやすくなります。お腹に空洞はつくらず、コルセットのように筋肉の"ベルト"を締めて、腰全体を守るのです。特に腹筋エクササイズや一部の殿筋エクササイズのときは、このコルセットがあなたの腰を守ってくれます。

こうして腹筋をしっかり使うと、殿筋も収縮し、自然と骨盤が後ろに動き、骨盤の後傾と呼ばれるポジションになります。このテストをしてみてください。まず、腹筋や殿筋を収縮させずに直立します。このときの骨盤がニュートラルポジションです。さて、背中を反らしてヒップを後ろに突き出します。骨盤が前に傾くと（骨盤の前傾）、筋肉をうまく使えない感じがしますよね。今度は、骨盤をニュートラルポジションに戻してから後ろに傾けます（骨盤の後傾）。このポジションなら、腹筋も殿筋も自然に使えます。

骨盤の後傾ポジションは背骨、特に下背部（腰椎）を守ります。ケガを防ぎ、腹筋と殿筋に効かせるために背中を反らさないことが大切なエクササイズでは、骨盤の後傾ポジションからスタートしましょう。

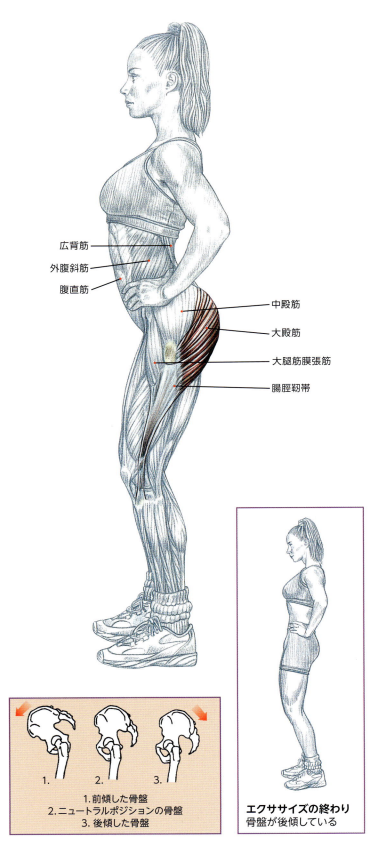

広背筋
外腹斜筋
腹直筋
中殿筋
大殿筋
大腿筋膜張筋
腸脛靭帯

1. 前傾した骨盤
2. ニュートラルポジションの骨盤
3. 後傾した骨盤

エクササイズの終わり
骨盤が後傾している

セルライトを落とす

セルライトは主に下半身に蓄積する皮下脂肪の塊のこと。一般に女性特有の現象です。セルライトの正体は、皮膚組織や脂肪組織で水分と老廃物と毒素が混じり合ったものです。女性の3人に2人は、太っていない人も含めて、セルライトができています。

2タイプのセルライト

第1のタイプのセルライトは、皮膚に柔軟性や弾力性がないことが特徴です。2本の指で皮膚をつまむと、でこぼこしてオレンジの皮のように見えます(オレンジピールスキン)。セルライトが皮膚にまで達しているとはかぎりませんが、外からも目立つので美容上マイナスです。セルライトのある部分はざらざらしていて、シワになっている場合もあり、皮膚は乾燥しています。このタイプのセルライトは見苦しく、どんな姿勢のときでも見てわかります。

第2のタイプのセルライトは少し違います。皮膚組織がスポンジ状になり、たるんでいます。立っているか(セルライトが縮小する)、寝ているか(セルライトが広がる)によってセルライトの見え方が変わります。弾力のなくなった皮膚にはストレッチマーク(妊娠・成長・肥満などで急に伸ばされた皮膚に生じることがある線。俗に言う「肉割れ」)ができていることがよくあります。このタイプのセルライトはほとんどが35歳以上の女性に発生します。また、かなりの減量をした場合、急激に減量した場合、利尿作用のあるサプリメントを摂りすぎた場合にも現れることがあります。

セルライトができる理由

セルライトができる原因は、こってりした食事、座ってばかりいるライフスタイル、血行が悪いなど、たくさんあります。遺伝的要因やホルモンの影響(特にエストロゲン)も考えなければなりません。月経前や妊娠中は、血液やリンパの流れが悪くなり、エストロゲンの分泌が増えるので水分貯留(むくみ)が助長されてしまうことがあります。

水分貯留(むくみ)

老廃物を運ぶ水が、浸透性のある皮下ポケットにたまり、停滞することを水分貯留と呼びます。ストレスがあるときや月経周期のなかで起こりますが、糖分、塩分を控え目にした食事をきちんと守りさえすれば、特に何もしなくても数日で解消します。この水分がゼリー状になって硬くなり、皮下を圧迫するようになるとセルライトが発生します。

脂肪の塊を集中的に部分ケアしなければ、このオレンジピールスキンは取り除けません。それに時間がたつほど取り除くのは難しくなる傾向があります。

ホルモンの変化

　セルライトの発生と進行は、思春期や妊娠など、女性の一生の重要なホルモンステージと関係があります。更年期は、卵巣が機能を停止し、ホルモンを分泌しなくなることが特徴です。更年期には、脂肪細胞があまり活性化されない体質の人でも、セルライトがつかないわけではないことに注意してください。

ストレス

　セルライトは、強いストレスが長引くとできることがあり、婦人科系・循環・消化の問題と関係があります。この3つの問題はセルライトを深刻に悪化させる恐れがあります。肝臓は食物の消化に欠かせない役割を果たしています。消化がうまくいっていないなら、肝機能が低下しています。脂肪や糖が蓄積されれば、体内に毒素がたまり、それが皮膚組織にかなりダメージを与えます。

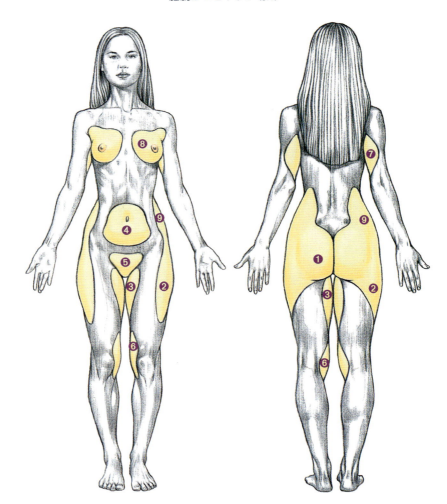

脂肪がつきやすい場所

1. ヒップ
2. 大転子の下（サドルバッグ）
3. 内腿
4. へそ周り
5. 恥骨
6. 膝
7. 上腕後面の内側
8. バスト
9. 下背部

遺伝

遺伝は、肥満に遺伝も関係あるように、セルライトが進む重要な要因のようです（母親に静脈瘤や循環器障害があると、娘もそれを受け継ぐことは少なくありません）。

私は大丈夫、と安心してはいけません。先はわからないからです。糖分の少ない食事をして、脚のエクササイズをすれば、この遺伝の連鎖を断ち切ることは可能です。

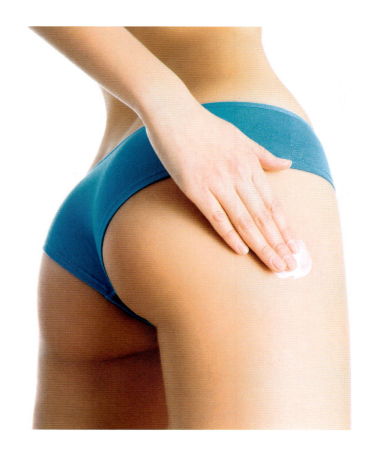

スリムな人のセルライト

痩せていてもセルライトはできます。この場合、食事を大きく変える必要はありませんが、セルライト予防に効果のある食事をしたほうがいいです。脂肪が蓄積するのを防ぎ、やわらかいセルライトが硬い、取り除けないセルライトにならないようにするためには、タンパク質と水分が豊富で塩分の少ない食事をしましょう。もちろん、何か運動もつづけましょう。

セルライトを撃退するには

セルライトを落とすのは難しいのが現実。特に減量してもセルライトはしぶとく残るので、いくつかの方法を組み合わせるしかありません。

アンチセルライトクリーム

ダイエットの最大の問題は、全身のサイズダウンはしても、肝心のいちばん痩せたい部分は痩せないこと！　アンチセルライトクリームは、こういう気になる部分に塗るようにつくられています。脂肪の代謝を促す成分（カフェイン、アミノフィリンとテオフィリン、フォルスコリンなど）、循環を改善する成分（ゴツコーラ[ツボクサ]、ルスコゲニン、イチョウなど）、肌の見た目を改善する成分（レチノール、シリコンなど）が含

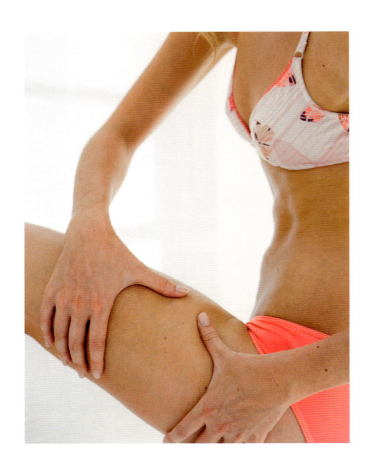

まれています。ただし、こうしたクリームの効果には限界があります。

　→肌表面にしか効かない。塗るのをやめるとすぐにまた太くなります。クリームで細くなるのは、ほんとうに脂肪が減るのではなく、部分的に水分が減るからなのです。

　→脂肪細胞に効くかどうかはともかく、保湿クリームや皮膚を引き締めたり、厚くしたりするクリームを常に塗っていると、セルライトが目立たなくなります。クリームを塗るのをやめれば、たちまちオレンジピールスキンに逆戻りしますが。でも、保湿クリームはアンチセルライトクリームよりはるかに安く買えます。

　→クリームの効果はさておき、セルライトのある部分を定期的にマッサージすることが、微小循環（細動脈・毛細血管・細静脈の血液循環）を促し、たまった水分を除去しますし、脂肪細胞が成長する能力を弱めます。マッサージの長所は、どんなアンチセルライトクリームの効果にも勝ります。

美容整形手術

　深部のセルライトケアと並行して、美容整形手術の助けを借りる方法もあります。セルライトの量が多い場合、ハードな運動をしても問題は完全には解消しないでしょう。医師なら局所麻酔で手術を行えます。吸引装置につないだチューブを使って脂肪組織を吸い出す手術です。しかし、手術後きちんとダイエットをして、定期的にエクササイズをしなければ、またそっくりセルライトがついてしまいます。もちろん、手術につきもののリスクもあります。

マッサージ

　間食をやめ、即効性の糖質（ケーキやキャンディ類）を摂らない食生活をするようになり、本書のエクササイズを定期的に実行しているなら、せっかくですから自分の体をていねいにケアしてあげましょう。朝晩マッサージして血行をよくする習慣を身につけてください。脂肪の塊に手を当て、指で押し、ほぐすように転がします。肌をやわらかくして保湿する市販のマッサージクリームを使ってもいいでしょう（ただし、有効なのは表面のセルライトだけ）。リンパの流れをよくし、水分貯留（むくみ）を減らすために定期的にマッサージすることがおすすめ。

　皮下の毛細血管をマッサージすると、細胞から血液

に老廃物を運ぶリンパの流れが活発になります。老廃物は血液に運ばれて除去されます。

ハードな運動

　食事制限で痩せると、初めのうちセルライトが前より目立つことがあるようです。そうなったら、気になる部分の徹底的なエクササイズを定期的にすることで、セルライトの範囲を制限し、広がるのを止めることができます。セルライトは主に下半身につきますから、エクササイズも下半身をターゲットにしたものになります。

　まず、スクワットなど屈曲運動（フロント・ランジ）の入るエクササイズで血行をよくします。次に、長めのセットで、セット間隔も短くしたエクササイズで大腿の筋肉と膝を動かします。セット数を増やし、セット間の回復時間を短くすることが脂肪燃焼の2つの条件です。ここで重要なのは呼吸です。適切に酸素を補給すると、エクササイズを最後までやり抜くのが楽になります。エクササイズ中に筋肉に酸素をよく送り込んだほうが、筋肉をしっかりと使い切ることができるからです。セルライト除去を目的にしたエクササイズは、特に持続するのがつらいので、深く、長く呼吸をせずに正しく行うことはできません。ランニングは、血行をよくするすばらしい有酸素運動です。ステップマシンも同様です。これは、2つのステップを左右交互に足で踏む運動をするものです。ヒップと大腿に効きます。もちろん、ヒップを鍛えるエクササイズなら何でも"サドルバッグ"を落とす効果があります。アンクルウェイトを使うエクササイズは膝を引き締めますが、これもまた長いセットにして、回復時間を短くする必要があります。

アンチセルライトのヒント

→ 血行をよくするため体を動かす。階段を使う、頻繁に姿勢を変えるなど。
→ 水をたくさん飲む（1日にグラス6-8杯）。
→ 脚を15cmくらい高くして寝る。
→ 禁煙。
→ ぴったりしすぎた服を着ない。
→ 血管やリンパ管を圧迫するので脚を組まない。
→ マッサージをする。
→ 静脈の流れをよくするために5cm以下のヒールの靴を履く。

ゴール1

くびれたウエストを手に入れる

ウエストのストレッチ
Static Stretch for the Waist

◎ **ターゲット** 　ウエスト(体側)をストレッチします。

🕐 **反復回数** 　ストレッチを20-30秒キープ×3、4回。

∞ **コーチのアドバイス** 　このストレッチをしている間はお腹を引っ込め、ヒップを引き締めておくことを意識して。

😮 **呼吸** 　深呼吸しながらストレッチをキープします。

❗ **注意** 　体幹を横に曲げるバリエーションでは、腰椎に負担がかからないように膝を軽く曲げて、片手を大腿部に添えてもOK。

🔑 **エクササイズのポイント** 　腹壁を引き締めますが、息を止めないようにくれぐれも気をつけて！

① 脚を開いて立ち、足はパラレルにする(平行にそろえる)。殿筋と腹筋を引き締める。両手の指を組み合わせて腕を頭上に伸ばしながら手をひっくり返す。

② 息を吸って胸を膨らませ、肋骨(肋間筋)をストレッチする。手を高く押し上げながら頭と背中をピンと伸ばす。

③ ゆっくり息を吐きながら力を抜く。ストレッチを繰り返す。

★ **バリエーション** 　体幹を右に曲げて20-30秒ストレッチしてから、左側も同様にすると、内・外腹斜筋が両方ともストレッチされるのに加え、腰方形筋もさらにしっかりストレッチされます。体幹を曲げるときも、戻すときも骨盤は動かさないように気をつけて。

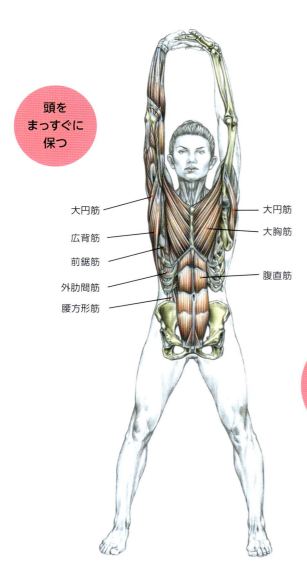

頭を
まっすぐに
保つ

大円筋
広背筋
前鋸筋
外肋間筋
腰方形筋

大円筋
大胸筋
腹直筋

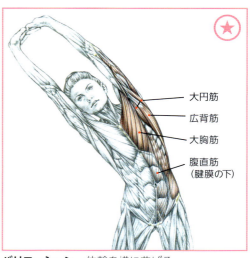

大円筋
広背筋
大胸筋
腹直筋
（腱膜の下）

バリエーション 体幹を横に曲げる

息を吐くたび、
手を少しずつ
高くする
つもりで

スタンディング・サイド・ベンド（立って側屈）
Standing Side Bend

- 🎯 **ターゲット**　主に腹斜筋を使い、ウエストをスリムにする効果がありますが、腹直筋と深層の背筋もターゲットになります。

- ⏱ **反復回数**　左右それぞれ30回×2、3セット。

- 👓 **コーチのアドバイス**　このエクササイズでは、下半身と上半身を切り離さなくてはなりません。エクササイズ中は骨盤を動かさないこと。動かすと、腰の運動になってしまいます。上半身だけを動かせば、確実にウエストに効きます。

- 😮 **呼吸**　息を吐きながら体幹を曲げ、息を吸いながら戻ります。息を吸いながら1回（体幹を曲げて戻るで1回）、息を吐きながら次の1回という方法もあります。

- ❗ **注意**　深く曲げすぎて骨盤が動いてしまうよりは、曲げるのが少しでも骨盤がしっかり安定しているほうが正しいエクササイズです。

- 🔑 **エクササイズのポイント**　バランスがとりやすいように足をターンアウト（つま先を開く）してください。そのほうが大殿筋をしっかり使えるので、骨盤の位置を固定することができます（骨盤を動かして深く曲げたつもりになるのも避けることができる）。お腹も引っ込めて骨盤を安定させましょう。

① 足を肩幅に離して立ち、背筋（せすじ）を伸ばし、片手を後頭部に添える。反対側の手でダンベルを持つ。

② 息を吐きながら、ダンベルを持った手と反対側に体幹を曲げる。

③ 息を吸いながらスタートポジションに戻る。この間ずっと骨盤は動かさない。

★ **バリエーション**　スティックを使う方法もあります。このバリエーションでは、足をもっと離して立つのでエクササイズが簡単になり、骨盤を安定させておくのも楽になります。また体側がよりストレッチされます（前鋸筋と広背筋）。スティックを使うと、体幹を左右いっぺんに曲げることができます。ダンベルの場合は、片側を1セットやってから、反対側に替える必要があります。

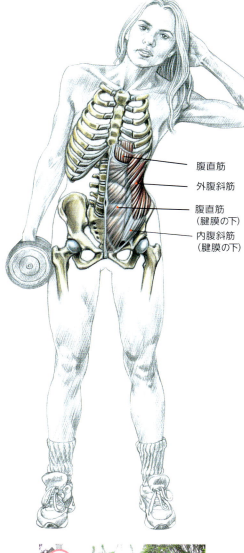

頭を
まっすぐに
保つ

骨盤を
横に
動かさない

腹直筋
外腹斜筋
腹直筋
（腱膜の下）
内腹斜筋
（腱膜の下）

①

②

バリエーション　スティックを使って

★

スティックを使ったトルソ・ツイスト（体幹をねじる）
Torso Twist with a Stick

◎ **ターゲット**　ウエストを引き締めます。

⏱ **反復回数**　左右それぞれ30回×3、4セット。

🎧 **コーチのアドバイス**　下背部も一緒に動きすぎないように、骨盤を後ろに傾ける（p.30を参照）ことを意識して。膝を軽く曲げたほうが骨盤を安定させやすいなら、そうしてもOK。このポジションだと関節の負担も減ります。

😮 **呼吸**　息を吐きながら体幹をねじり、息を吸いながら戻ります。息を吸いながら1回（ねじって戻るで1回）、息を吐きながら次の1回という方法もあります。

❗ **注意**　エクササイズ中ずっと腹筋を収縮させておき、正しく呼吸すること。腰痛もちの人、椎間板ヘルニアの人にはおすすめしません。このエクササイズで症状が悪化したり、問題が再発したりしかねないからです。

🔑 **エクササイズのポイント**　背筋とウエストを切り離して動かすために、骨盤は動かさないこと。骨盤をしっかり安定させるために、脚を腰幅より少し大きく開いてもOK。

① 背筋（せすじ）を伸ばし、脚を開き、安定感を増すために足を軽くターンアウトして立つ。スティックを持ち、肩甲骨にのせて、僧帽筋（首・肩の後面から上背部にかけて）を縮めないようにする（手でスティックを押し下げないこと）。

② 息を吐きながら体幹を右にねじる。息を吸いながらスタートポジションに戻る。殿筋を収縮させて骨盤は常に前に向けておく。

③ 同様に左にねじり、スタートポジションに戻る。

★ **バリエーション**　ベンチに座って行う方法もあります。骨盤が連動しにくくなるので、腹壁の動きにより集中できます。

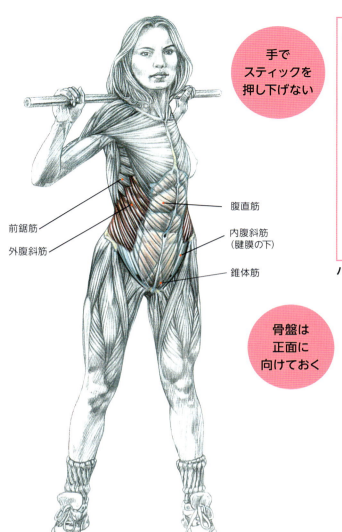

前鋸筋
外腹斜筋
腹直筋
内腹斜筋
（腱膜の下）
錐体筋

手で
スティックを
押し下げない

骨盤は
正面に
向けておく

バリエーション ベンチに座って

ライイング・トルソ・ツイスト（仰向けで体幹をねじる）
Lying Torso Twist

- ◎ **ターゲット**　ウエスト、背筋のストレッチとリラックス。

- ⏱ **反復回数**　緊張をゆるめ、ウエスト、背筋をリラックスさせることが目的なら、左右1、2回ずつ行い、ストレッチを30-40秒くらいキープ。ウエストの運動と引き締めが目的なら、膝を床につけずに20-30回（左右交互に）×2、3セット。

- ∞ **コーチのアドバイス**　腹筋を収縮させながら膝を静かに倒してください。

- **呼吸**　息を吸いながら膝を起こし、息を吐きながら膝を倒します。ストレッチとして行うなら、絶えず規則正しく呼吸します。

- ❗ **注意**　腰椎を動かさないように膝をぴったり閉じて、腹筋を収縮させること。深刻な腰の持病がある人はこのエクササイズをやってはいけません。

- 🔑 **エクササイズのポイント**　必ず頭と肩を床につけておくこと。そうすれば、膝を倒すたびに腹斜筋がしっかりストレッチされます。

---

① 仰向けに寝て、腕を真横に伸ばし、手のひらを床につける。頭と体を一直線にそろえ、膝を曲げる。

② 膝をゆっくり片側に倒しながら、頭は静かに反対に向ける。膝をできるかぎり下まで倒す。

③ 目的に応じて、このポジションを30-40秒くらいキープして下背部をストレッチするか、息を吸いながら膝を起こす。

★ **バリエーション**　ハムストリングがとても柔軟な人なら、膝を曲げずに行なってもいいでしょう。逆に、膝を直角に曲げて行うのが少々きついようなら、膝を胸に近づけてください。

スタートポジション

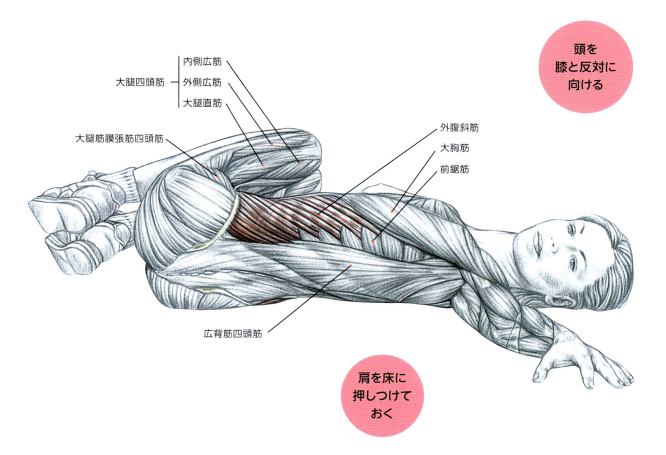

大腿四頭筋 ─ 内側広筋
　　　　　　外側広筋
　　　　　　大腿直筋

大腿筋膜張筋四頭筋

外腹斜筋
大胸筋
前鋸筋

広背筋四頭筋

頭を膝と反対に向ける

肩を床に押しつけておく

サイド・プランク
Side Plank

- **ターゲット**　前鋸筋と外腹斜筋を鍛えて頭部を含めた姿勢を維持する筋肉を強化します。

- **反復回数**　左右それぞれ30回×3セット。

- **コーチのアドバイス**　背中にばかり負担がかからないように腹筋と殿筋を引き締めることを意識して。

- **呼吸**　息を吐きながら体幹を引き上げ、息を吸いながら体幹を下げます。

- **注意**　肩を下げて耳から離しておくこと(肩をすくめない)。フォームが崩れはじめると、ケガをする恐れがあります。手早く終わらせることよりも正しいフォームを重視しましょう。反動をつけずに体幹を引き上げることが大切です。

- **エクササイズのポイント**　エクササイズの途中で体幹を床に休ませてはいけません。ヒップも床につきません。このエクササイズは、よい姿勢を保つ筋肉がすべてターゲットになるので、ウエストをスリムにし、姿勢を改善する効果があります。

---

① 横向きに寝て、肘を直角に曲げ、前腕を床につく。肩が肘の真上にくる。反対側の手は腰か上の大腿に添える。両脚を伸ばして重ね合わせる。殿筋と腹筋を引き締める。

② 息を吐いて体幹をできるだけ高く引き上げる。頭、骨盤、足が一直線にそろう。

③ 息を吸って床のほうにゆっくり体幹を下げる。これを1セット終わるまで繰り返す。

★ **バリエーション**　体幹を引き上げたポジションを10-30秒キープすれば、静的なエクササイズになります。必ず規則正しく、ゆっくり、深く呼吸してください。水平安定のトレーニングにするには、両方の前腕を床につくフロント・プランクとして静的にエクササイズをしてください。必ず頭と背骨を一直線にそろえ、背中を反らさないこと。

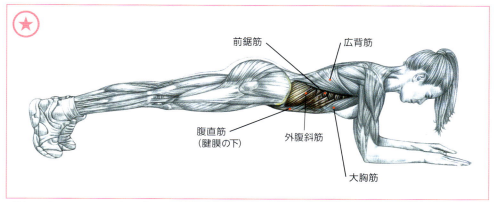

バリエーション フロント・プランク(水平安定)

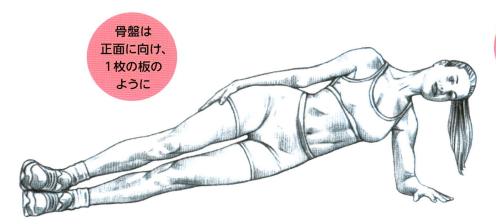

骨盤は正面に向け、1枚の板のように

肩は下げて耳から離す

頭と背骨を一直線にそろえる

バリエーション フロント・プランク(水平安定)

スイミング
Swimming

- ◎ **ターゲット**　脊柱起立筋(下背部)、殿筋、肩後面の筋肉を同時に鍛える完璧なエクササイズ。

- ⏱ **反復回数**　15-20回×3、4セット。静的エクササイズにする場合は、ポーズを10-30秒キープ×3回。

- ∞ **コーチのアドバイス**　腰を反らすだけのエクササイズにならないように、殿筋を中心に背面すべての筋群を収縮させる意識で。息を止めないこと。

- **呼吸**　息を吐きながら腕を前方に伸ばし、息を吸いながら腕を後方に動かします。静的エクササイズの場合、必ず規則正しく、ゆっくり、深く呼吸してください。

- ❗ **注意**　頭を高く上げすぎないで。頸椎を痛めてしまいます。また腰椎を引っ張るほど腕を高く上げないこと。肩に問題がある人は、静的バリエーションだけにしておきましょう。

- 🔑 **エクササイズのポイント**　背面にあるすべての筋肉を使うこと。急な動作をせず、じっくり力を入れることでエクササイズをこなす力が強くなり、ケガ予防に役立ち、このエクササイズの効果がアップします。

---

① 腹ばいになり、腕を前方に、脚は後方に伸ばす。息を吸って、吐きながら、足と膝および体幹上部と腕を床から浮かす。

② 息を吸って、吐きながら、腕と脚をもう少し高く上げる。頭と体が一直線になるように気をつける。

③ 次に息を吸うと同時に、平泳ぎで水をかくように手を後ろに動かす。手をヒップの上にもっていくが、ヒップにつけない。息を吐きながらスタートポジションに戻り、平泳ぎの動きを1セット終わるまでつづける。

★ **バリエーション**　前方に伸ばした腕をキープすれば、静的なエクササイズになります。その場合、10-30秒キープし、息を吐くたびに腕と脚を少しずつ高く上げるつもりで。首を痛めたり、背中を反らしたりしないよう気をつけること。

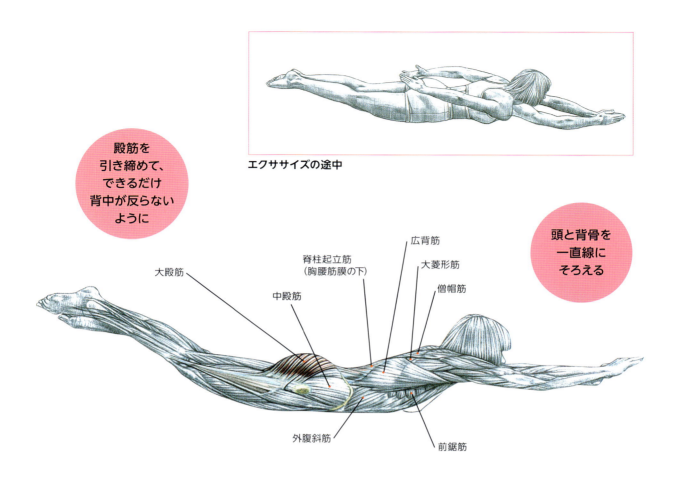

エクササイズの途中

殿筋を引き締めて、できるだけ背中が反らないように

頭と背骨を一直線にそろえる

大殿筋　中殿筋　脊柱起立筋（胸腰筋膜の下）　広背筋　大菱形筋　僧帽筋　外腹斜筋　前鋸筋

肩を下げて耳から離す

ゴール2
腹筋を強くする

クランチ（足を床につけて）
Crunch, Feet on the Floor

- ◎ **ターゲット**　腹直筋（主に腹筋上部）を鍛えます。

- ⏱ **反復回数**　20-30回×4セット。

- 👓 **コーチのアドバイス**　背中を床に押しつけ、腹筋をしっかり収縮させることを意識して。腹筋すべてを使おうと下背部（腰）まで動かしてはいけません。つまり、シットアップとは違い、クランチは腰を痛めるリスクが小さく、腰痛もちの人でもできるということ。

- 😮 **呼吸**　息を吐きながら体幹を起こし、息を吸いながら体幹を下げます。

- ❗ **注意**　手を首の後ろに当てないこと。頸椎を引っ張ってしまうからです。手は左右それぞれに耳のあたりに添えてください。

- 🔑 **エクササイズのポイント**　両肘を離すほど、エクササイズが難しくなります。初心者なら、両肘を近づけて、前に向けると楽になります。

① 仰向けに寝る。膝を曲げて、足裏全体を床につける。背中を床に押しつけ、指を組み合わせずに手を後頭部に置く。

② 息を吐きながら、頭をできるだけ起こし、へそを見るように背中をロールアップする。

③ 息を吸いながら、スタートポジションに戻るが、頭は床につけない。じっくりと同様に20-30回繰り返す。

★ **バリエーション**　脚をベンチにのせて行う方法もあります（p.58-59を参照）。あるいは股関節を直角に曲げて行う方法もあります（p.54-55を参照）。該当ページを読めば、これはもっと難しいバリエーションだとわかるはず。

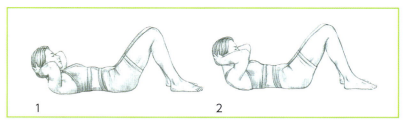

1. スタートポジション　2. エクササイズの途中

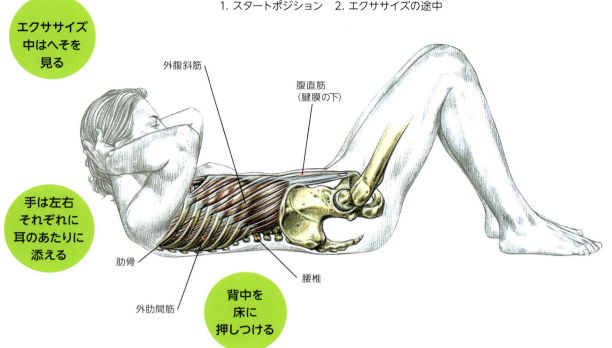

エクササイズ中はへそを見る

手は左右それぞれに耳のあたりに添える

背中を床に押しつける

外腹斜筋
腹直筋（腱膜の下）
肋骨
外肋間筋
腰椎

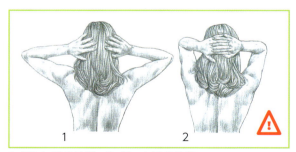

1. 正しい手の位置　2. 誤った手の位置

クランチ（脚を上げて）
Crunch, Legs Raised

- ◎ **ターゲット**　腹直筋(主に腹筋上部)を鍛えます。

- 🕒 **反復回数**　20-30回×4セット。

- 🎧 **コーチのアドバイス**　腹壁を鍛えるエクササイズはすべてそうですが、顎を胸に近づけてへそを見ていれば、反射的に腹直筋が軽く収縮します(p.56、58、60も参照)。

- 😮 **呼吸**　息を吐きながら体幹を起こし、息を吸いながら体幹を下げます。

- ❗ **注意**　手の位置に気をつけて。背中を床にしっかり押しつけること。

- 🔑 **エクササイズのポイント**　脚を上げて、大腿を床に対して垂直にすると、あまり意識しなくてもエクササイズ中ずっと腰椎を床に押しつけておけるので、腹筋運動に集中できます。足首を交差したほうが脚を固定しやすいなら、そうしてもOK。脚のポジションはエクササイズ中ずっと変わりません。

---

① 仰向けに寝て、背中を床に押しつけ、指を組み合わせずに手を後頭部に置く。大腿が床に対して垂直になるように脚を上げ、膝を直角に曲げる。

② 息を吐きながら、ゆっくり頭をできるだけ起こし、へそを見るように背中をロールアップする。

③ 息を吸いながら、スタートポジションに戻るが、頭は床につけない。じっくりと同様に20-30回繰り返す。

★ **バリエーション**　片脚は膝を曲げて足裏全体を床につけ、その脚の大腿に反対側の足をのせて行う方法もあります。息を吐きながら、背中をロールアップして頭を膝に近づけるか、足を床から上げて膝を胸に近づけます。1つ目のバリエーションは腹筋上部に効き、2つ目のバリエーションは腹筋中部・下部に効きます。

1 スタートポジション　2. エクササイズの途中

エクササイズ中はへそを見る

腹筋上部　腹筋中部　腹筋下部

手は左右それぞれに耳のあたりに添える

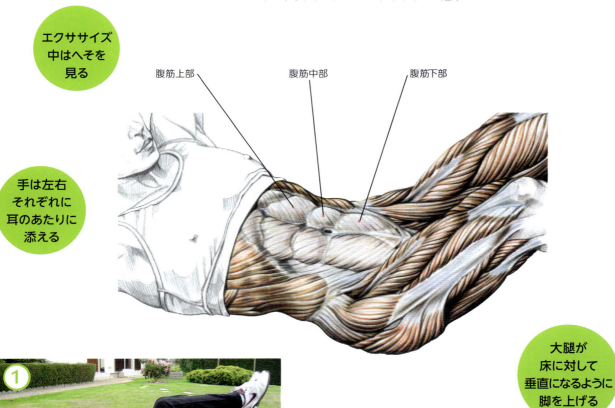

大腿が床に対して垂直になるように脚を上げる

①

バリエーション　頭を膝に近づける

バリエーション　膝を胸に近づける

シットアップ（足を床につけて）
Sit-Up, Feet on the Floor

- **ターゲット**　腹直筋（主に腹筋上部）を鍛えますが、股関節の屈筋と内・外腹斜筋もターゲットになります。

- **反復回数**　20-30回×4セット。

- **コーチのアドバイス**　長いセットでゆっくり反復してください。1セット終わるごとに、お腹が焼けるような感じになるはず。これはエクササイズが効いたということです（p.54、58、60も参照）。

- **呼吸**　息を吐きながら起き上がり、息を吸いながら戻ります。

- **注意**　腹筋を収縮させることを意識し、下背部（腰）の力を借りないようにすること。頸椎を引っ張らないように頭と体を一直線にそろえておきます。手を後頭部に置くなら、手の位置に注意。

- **エクササイズのポイント**　腹壁を使っていることをしっかり感じられるように、体幹をロールアップし、ロールアップしきったところで背中を丸めきることが大切です。腹壁にさらに強く効かせるには、体幹を途中まで下げて、そのポジションを12秒キープしてから、また起こします。

---

① 仰向けに寝る。膝を曲げて、足裏全体を床につける。背中を床に押しつけ、腕を体側に伸ばす。

② 息を吐きながら、背中を反らさずに体幹を少しずつ起こす。腹筋を絞り、足をしっかり床につけておく。腕は前に伸ばす。

③ 息を吸いながら、スタートポジションに戻るが、体幹は床につけない。足と膝を閉じたまま同様に20-30回繰り返す。

★ **バリエーション**　足を床につけておくのが難しいなら、パートナーに足を押さえてもらうか、家具（ベッドやソファなど）の下に足をひっかけましょう。腕を前に伸ばすと簡単になるので、難しいバリエーションにしたいなら、手を後頭部に置きます。ただし、頸椎を引っ張らないように指は組み合わせないこと。

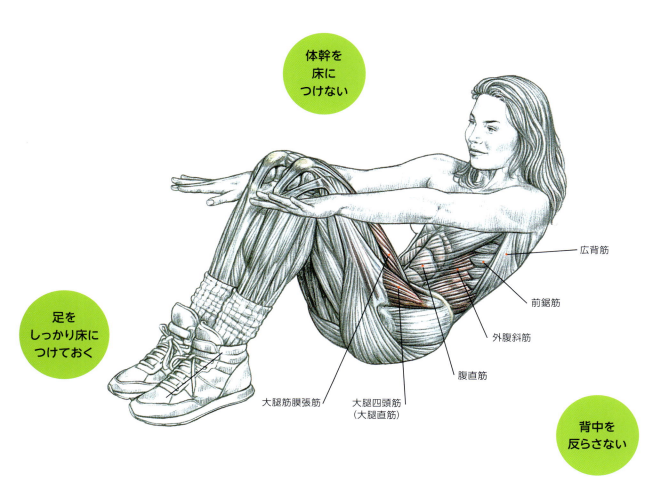

体幹を床につけない

足をしっかり床につけておく

背中を反らさない

広背筋
前鋸筋
外腹斜筋
腹直筋
大腿四頭筋（大腿直筋）
大腿筋膜張筋

バリエーション　手を後頭部に

バリエーション　パートナーに足を押さえてもらう

クランチ（足をベンチにのせて）
Crunch, Feet on a Bench

- ◎ **ターゲット**　腹直筋(主に腹筋上部)を鍛えます。

- ⏱ **反復回数**　20-30回×3、4セット。

- 👓 **コーチのアドバイス**　腹筋を収縮させ、へそを背骨に"接着"し、この中心点を軸に背中をロールアップすること。体の感覚に意識を向けましょう。使っているのはほんとうに腹壁だけで、ほかの部分の力を借りて、ごまかしていないことがわかりますか？(p.54、56、60も参照)

- 😮 **呼吸**　息を吐きながら体幹を起こし、息を吸いながら体幹を下げます。

- ❗ **注意**　体幹をただ起こすのではなく、背中をロールアップするかぎり、ケガのリスクはほとんどありません。脚をベンチにのせると、上半身と下半身を切り離しやすくなるので、そのぶん骨盤も安定します。やはり、頸椎を守るために手の位置に注意すること。

- 🔑 **エクササイズのポイント**　頭を床につけないこと。常に頭と肩は床から少し浮かしておきます。

---

① 仰向けに寝る。膝を曲げて、足をベンチにのせ、背中をしっかり床に押しつける。指を組み合わせずに手を後頭部に置く。

② 息を吐きながら、腹筋を収縮させ、少しずつできるだけ高く頭を起こしつつ、上背部を床から浮かす。下背部は床から離さない。

③ 息を吸いながら、スタートポジションに戻るが、頭は床につけない。深く呼吸しながら、同様にゆっくり20-30回繰り返す。

★ **バリエーション**　初心者なら、腕を前に伸ばし、膝に近づけながら体幹を起こします。腹筋上部を集中的に鍛えるには、腕を真上に伸ばします。首に負担がかからないように気をつけて。このバリエーションの場合、運動範囲は小さくなります。

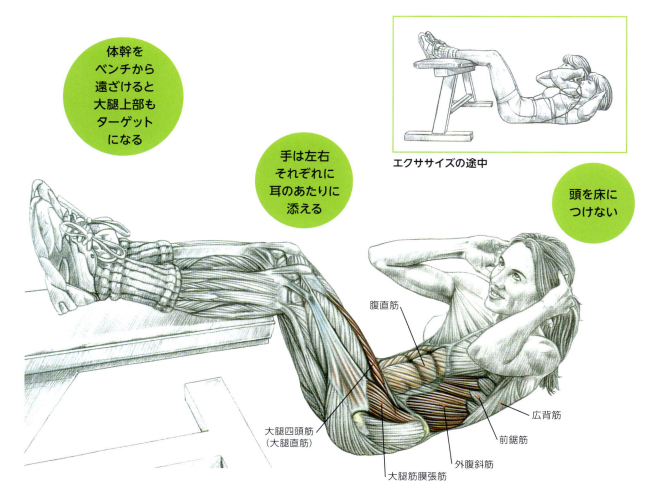

体幹をベンチから遠ざけると大腿上部もターゲットになる

手は左右それぞれに耳のあたりに添える

エクササイズの途中

頭を床につけない

腹直筋
広背筋
前鋸筋
外腹斜筋
大腿筋膜張筋
大腿四頭筋（大腿直筋）

①

バリエーション　腕を前に伸ばす

バリエーション　腕を真上に伸ばす

バリエーション　腕を真上に伸ばしてエクササイズを実行中

オブリーク（腹斜筋）・クランチ（足を床につけるか、ベンチにのせて）
Oblique Crunch, Feet on the Floor of a Bench

◎ **ターゲット**　腹直筋（主に腹筋上部）、そして特に内・外腹斜筋を鍛えます。体幹の肋骨付近をシェイプするのでウエストをスリムにしてくれます。

⏲ **反復回数**　20-30回×3、4セット。

🎧 **コーチのアドバイス**　お腹を押し出さないこと。息を吸うとき、息を吐くときのように、腹筋を絞って、へそを背骨のほうに引っ込めましょう（p.54、56、58も参照）。

😮 **呼吸**　息を吐きながら体幹を起こし、息を吸いながら体幹を下げます。

❗ **注意**　下背部をしっかり床に押しつけておくよう気をつけて。頭と背骨を一直線にそろえておくこと。起き上がるとき、上半身がCの字になるようにしてください。

🔑 **エクササイズのポイント**　腕を前に伸ばし、膝の外側にタッチする方法は、運動範囲が小さいので腹斜筋にとって楽なエクササイズになります。上級者向けのバリエーションにするなら、手を後頭部に置き、片脚を上げ、反対側の足を床につけるか、ベンチにのせます。そして上げた脚の膝に反対側の肘を近づけます。こうすると、たくさんロールアップしなければならないので、腹斜筋にとってきついエクササイズになります。

① 仰向けに寝る。膝を曲げて、足裏全体を床につけるか、足をベンチにのせる。腕を左右どちらかの膝のほうに伸ばすか、手を耳のあたりに添える。

② 息を吐きながら、腹筋を収縮させ、頭を起こしつつ、上背部を床から浮かす。下背部は床に押しつけておく。手で膝の側面にタッチする。

③ 息を吸いながら、スタートポジションに戻るが、頭は床につけない。反対側も同様に行い、左右交互に1セット終わるまで繰り返す。

⭐ **バリエーション**　もっと腹斜筋に効かせるには、片方の膝に反対側の肘でタッチすることにトライしましょう。片脚を曲げて、足を床につけるか、ベンチにのせ、その脚の膝に反対側の脚の足首を交差させます。ロールアップして、交差させた脚の膝に反対側の肘を近づけます。後頭部に置く手の位置に注意：頸椎を引っ張らないように指は組み合わせないこと。このバリエーションを選ぶなら、左右交互にはやらないでください。片側1セットやってから、脚を替えて反対側を1セットやります。

スタートポジション

エクササイズ中ずっと腹壁を収縮させる

頭を床につけない

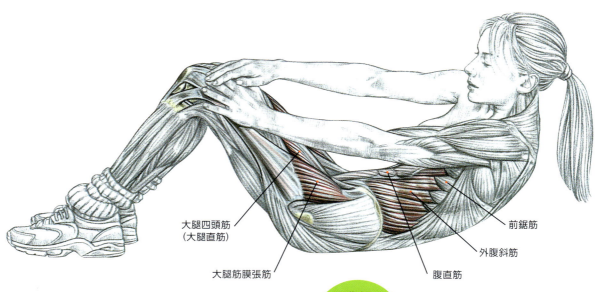

大腿四頭筋（大腿直筋）

大腿筋膜張筋

前鋸筋

外腹斜筋

腹直筋

下背部をしっかり床に押しつけておく

バリエーション 足をベンチにのせ、肘を反対側の膝に近づける

オブリーク（腹斜筋）・クランチ（脚を上げて）
Oblique Crunch, Legs Raised

- ◎ **ターゲット**　腹直筋（主に腹筋上部）、そして特に内・外腹斜筋を鍛えます。体幹の肋骨付近をシェイプするのでウエストをスリムにしてくれます。

- ⏱ **反復回数**　20-30回×3、4セット。

- **コーチのアドバイス**　コルセットのように腹壁を引き締め、呼吸に注意すること。起き上がるときに息を均等に吐ききり、床に戻るときには同様に息を均等に深く吸います。

- **呼吸**　息を吐きながら体幹を起こし、息を吸いながら体幹を下げます。息を止めたり、浅く、速い呼吸になったりしないこと。

- **注意**　頸椎を引っ張らないこと（手の位置に気をつけて）。また、はずみをつけた動きにならないこと（腹筋の収縮で背中をロールアップし、体幹を少しずつ引き上げる）。

- **エクササイズのポイント**　脚を上げて、大腿を床に対して垂直にすると、あまり意識しなくても腰椎を床に押しつけておけます。脚をなるべく安定させるために足首を交差させてかまいません。両肘を離すほど、腹斜筋に負荷がかかります。

---

① 仰向けに寝る。背中を床に押しつけ、手を後頭部に置く。大腿が床に対して垂直になるように脚を上げ、膝を直角に曲げる。足首を交差させる。

② 息を吐きながら、腹筋を収縮させ、頭と肩を床から引き上げて体幹上部を起こす。片方の肘を反対側の膝に近づける（理想を言えば、肘が膝のやや外側にくれば、ウエストと腹斜筋に最も効果的。とはいえ、レベルに応じて肘をできるだけ膝に近づけようとすればOK）

③ 息を吸いながら、スタートポジションに戻るが、頭は床につけない。反対側も同様に行い、左右交互に1セット終わるまで繰り返す。

★ **バリエーション**　片脚を曲げて、足を床につけるか、ベンチにのせ、その脚の膝に反対側の脚の足首を交差させる方法もあります（p.60-61を参照）。息を吐きながら、背中をロールアップして、交差させた脚の膝に反対側の肘を近づけます。左右交互にやるのではなく、片側1セットやってから、脚を替えて反対側を1セットやります。

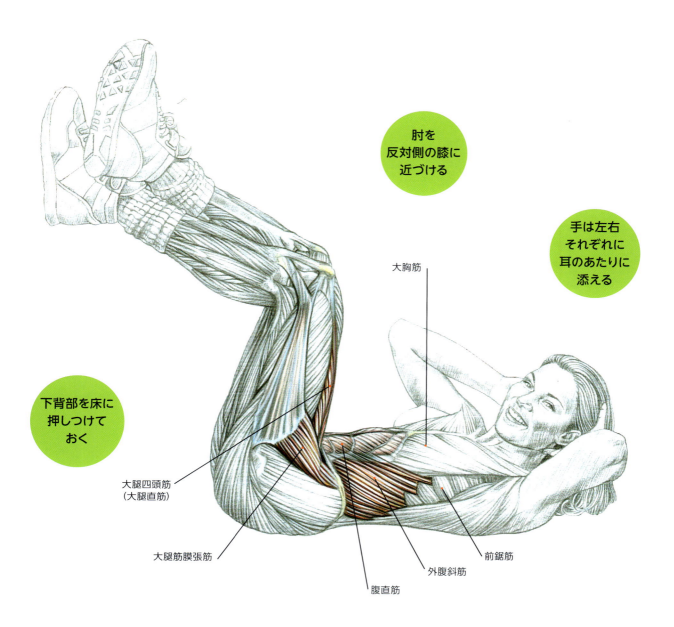

- 肘を反対側の膝に近づける
- 手は左右それぞれに耳のあたりに添える
- 下背部を床に押しつけておく

大胸筋
大腿四頭筋（大腿直筋）
大腿筋膜張筋
腹直筋
外腹斜筋
前鋸筋

レッグ・エクステンション（座って脚を伸ばす）
Leg Extension

- ◎ **ターゲット**　腹直筋と大腿上部の筋肉(大腿筋膜張筋と大腿直筋)を鍛えます。

- ⏱ **反復回数**　20-30回×3、4セット。

- 🎧 **コーチのアドバイス**　肘の間隔が狭すぎたり(背中が反ってしまい、腰椎を痛めるリスクがある)、広すぎたり(背中が落ちて、肩をすくめる姿勢になり、首を痛めるリスクがある)しないこと。エクササイズ中ずっと背中をやや丸くしておき、肩を下げて耳から離しておければ理想的。

- 😮 **呼吸**　息を吐きながら脚を伸ばし、息を吸いながら脚を曲げます。

- ❗ **注意**　脚を下げれば下げるほど、エクササイズはハードになります。ただし、脚をあまり下げても意味がありません。腰椎に負担がかからないようにするのがたいへんになるだけだからです。

- 🔑 **エクササイズのポイント**　腹筋をしっかり収縮させて腰椎を守り、腹壁を意識すること。1セット終わると、お腹と大腿部が焼けるような感じになるはず。

---

① 仰向けに寝て、前腕と手のひらを床につく。肘は肩の真下にくる。膝を曲げて、足裏全体を床につける。腹筋を収縮させる。

② 息を吐きながら、足をポイント(足首を伸ばす)かフレックス(足首を曲げる)にして脚を伸ばす(フレックスにしたほうが大腿の筋肉に負荷がかかる)。

③ 息を吸いながら、スタートポジションに戻るが、足は床につけない。はずみをつけずにゆっくり20-30回繰り返す。エクササイズ中ずっと深く呼吸することを忘れないように。

★ **バリエーション**　さらに負荷をかけるには、腹壁を最大限に絞りながら伸ばした脚を12秒キープします。息を止めないこと。再び脚を曲げるとき息を吸います。

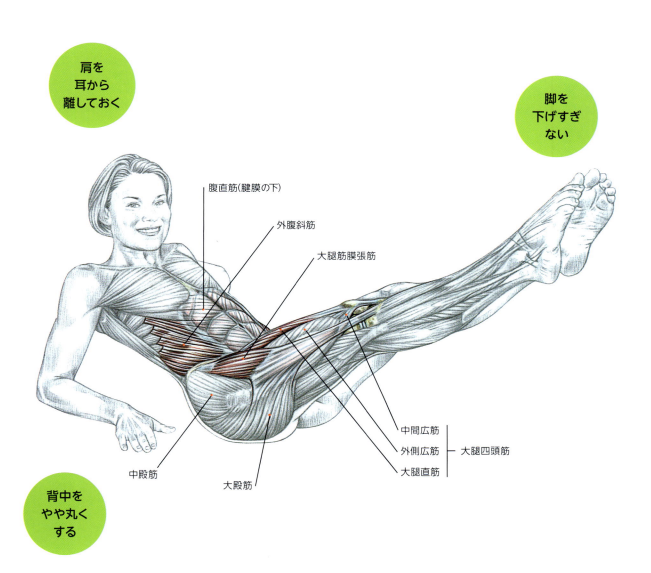

肩を耳から離しておく

脚を下げすぎない

背中をやや丸くする

腹直筋（腱膜の下）
外腹斜筋
大腿筋膜張筋
中間広筋
外側広筋 ― 大腿四頭筋
大腿直筋
中殿筋
大殿筋

リバース・クランチ
Reverse Crunch

- 🎯 **ターゲット**　腹直筋と内・外腹斜筋を鍛えます。

- ⏱ **反復回数**　20回×3セット。

- 👓 **コーチのアドバイス**　定期的に実行するなら（少なくとも週2回）、動きをコントロールし、腹壁を使うことを意識しながらゆっくりと12-20回を何セットか行えば、すばらしい結果が出ます。このエクササイズはぎくしゃくした動きになってはいけません。特に脚と骨盤を下ろすときは、なめらかな動きにすること。

- 😮 **呼吸**　息を吐きながら脚と骨盤を上げ、息を吸いながら脚と骨盤を下ろします。

- ❗ **注意**　垂直になるほど脚と骨盤を高く上げないで！　上げすぎに注意！　ゆっくり、少しずつ下ろす動きをコントロールするのが難しいなら、骨盤をあまり高く上げないようにするか、運動範囲の小さいバリエーション（膝を曲げる）にしましょう。

- 🔑 **エクササイズのポイント**　このエクササイズがとても効果的なのは、コントロールをきかせて腹壁を使ってこそ。脚を上下させるとき、お腹を引き締め、へそを背骨のほうに引っ込めること。

① 仰向けに寝て、脚を真上に上げ、腕は体側に伸ばす。手のひらが床についていること。

② 腹筋をしっかり収縮させ、息を吐きながら、少しずつヒップを持ち上げ、骨盤と脚を宙に浮かす。

③ 息を吸いながら、ゆっくり力を抜く。骨盤が床についたらすぐ繰り返す。1セット終わるまでつづける。

⭐ **バリエーション**　基本的には脚を伸ばしますが、ハムストリング（大腿後面）の柔軟性によります。脚を伸ばすのが、あるいは下ろす動きをコントロールするのが難しければ、脚を曲げて、膝を閉じ、踵をヒップに引きつけてください。この場合、運動範囲は小さくなり（背中は床に押しつけておく）、腹筋下部がよりターゲットになります。これがうまくできなければ、手をヒップの下に入れてみてください。こうすると、必要以上に腰の筋肉を使うのを防げます。

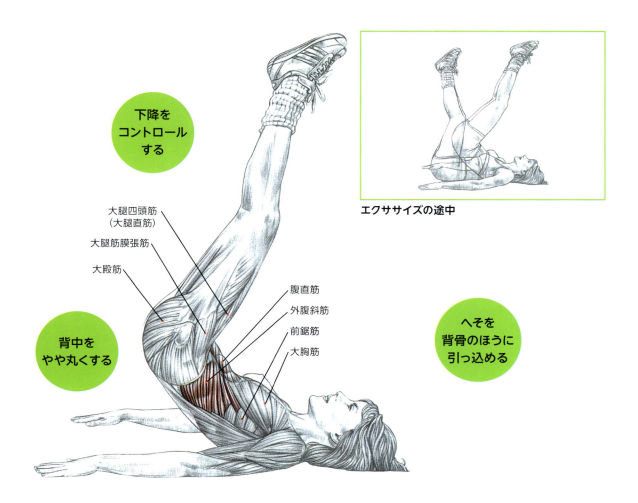

- 下降をコントロールする
- 大腿四頭筋（大腿直筋）
- 大腿筋膜張筋
- 大殿筋
- 腹直筋
- 外腹斜筋
- 前鋸筋
- 大胸筋
- 背中をやや丸くする
- へそを背骨のほうに引っ込める

エクササイズの途中

①

②

バリエーション　脚を曲げて

★

バリエーション　脚を曲げてエクササイズを実行中

★

バイシクル
Bicycle

- ◎ **ターゲット**　腹直筋、内・外腹斜筋、大腿上部の筋肉(大腿筋膜張筋と大腿直筋)を鍛えます。

- ⏱ **反復回数**　20-30回×3、4セット。

- 👓 **コーチのアドバイス**　常にゆっくりとはずみをつけずに行うこと。急いでたくさんやるよりも、回数は少なくてもていねいにやりましょう。脚を床に近づけるほとハードなエクササイズになりますが、腰椎に負担をかけるよりは脚を高くしたほうがいいです。

- 😮 **呼吸**　息を吸って自転車を1こぎ(片脚を伸ばし、次に反対側の脚を伸ばすで1こぎ)、息を吐いて次の1こぎという方法か、息を吐いて片脚を伸ばし、息を吸って反対側の脚を伸ばすという方法にします。

- ❗ **注意**　下背部(腰)に違和感を感じたらすぐ姿勢をチェック——体幹はまっすぐか、背中はやや丸くなっているか、骨盤は後傾しているか(p.30を参照)。

- 🔑 **エクササイズのポイント**　背中が反らない範囲で脚を床に近づけてエクササイズを開始してください。筋肉が焼けるような感じが強くなってきたら、あるいは下背部に負担がかかりはじめたと感じたら、脚を少し高く上げてセットを完了しましょう。

① 仰向けに寝て、前腕と手のひらを床につく。肘は肩の真下にくる。膝を曲げて、足を床から浮かし、腹筋を収縮させる。

② 息を吐きながら、足をポイントかフレックスにして右脚を伸ばす(フレックスにしたほうが大腿の筋肉に負荷がかかる)。息を吸いながら、右脚を曲げて、今度は左脚を伸ばす。

③ この自転車をこぐような動きを1セット終わるまで左右交互に繰り返す。

★ **バリエーション**　さらに負荷をかけるには、伸ばした脚を1回小さく上下させてから曲げて戻します。また、ほんとうにペダルを前回しでこぐように脚を回転させながら曲げ伸ばしする方法もあります。後ろ回しもできます。

肩を下げて
耳から
離しておく

大腿四頭筋
（大腿直筋）

腹直筋

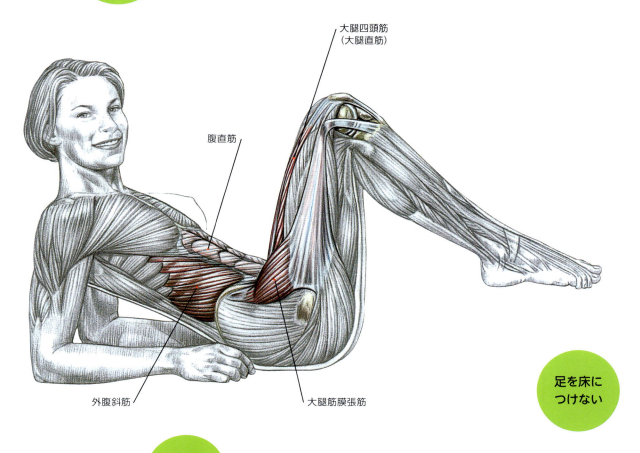

外腹斜筋

大腿筋膜張筋

足を床に
つけない

背中を
反らさない

オブリーク（腹斜筋）・バイシクル
Oblique Bicycle

- 🎯 **ターゲット**　腹直筋、そして特に内・外腹斜筋を鍛えます。大腿上部の筋肉（大腿筋膜張筋と大腿直筋）もターゲットになります。

- ⏱ **反復回数**　20-30回×3、4セット。

- 👓 **コーチのアドバイス**　このエクササイズを正しく行うには、肘を膝に近づけるたびに肩を床から上げて背中をロールアップすること。へそを背骨のほうに引っ込めて。

- 😮 **呼吸**　息を吸って自転車を1こぎ（肘を反対側の膝に近づけるのを左右1回ずつで1こぎ）、息を吐いて次の1こぎという方法か、息を吐いて片方の肘を反対側の膝に近づけ、息を吸ってもう片方の肘を反対側の膝に近づけるという方法にします。

- ❗ **注意**　腹筋をしっかり収縮させて腰に負担がかからないようにすること。肩を床から離しますが、下背部(腰)と骨盤はできるだけ動かさないようにします。

- 🔑 **エクササイズのポイント**　肘を膝に近づけるほど、腹斜筋と腹直筋がしっかり収縮します。両肘を開いて離しておくこと。

---

① 仰向けに寝て、手を耳に添えるか、首の後ろに当てる（ただし頸椎を引っ張らない）。腹筋を収縮させて頭と肩を起こす。両脚を伸ばし、足をポイントかフレックスにして床から上げる。

② 息を吐きながら、右脚を曲げると同時に左肘を右膝に近づける。体幹を右にひねるが、両肘は開いておく。息を吸いながら、右脚を伸ばし、今度は左脚を曲げて、体幹を左にひねり、右肘を左膝に近づける。

③ この自転車をこぐような動きを1セット終わるまで左右交互に繰り返す。

⭐ **バリエーション**　さらに負荷をかけるには、伸ばした脚を1回小さく上下させてから曲げて戻します。腕を前に伸ばして行う方法もあります。曲げた脚の足の外側を同側の手でタッチします。さらにハードにするなら、曲げた脚の足の内側を反対側の手でタッチします。

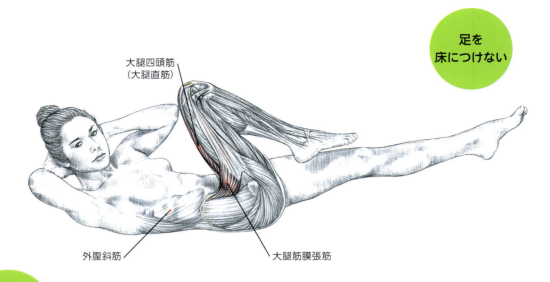

足を床につけない

大腿四頭筋（大腿直筋）
外腹斜筋
大腿筋膜張筋

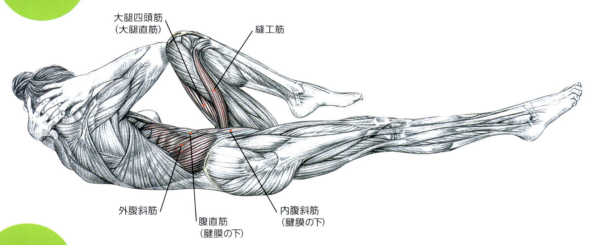

図のように指を組み合わせないこと

大腿四頭筋（大腿直筋）
縫工筋
外腹斜筋
腹直筋（腱膜の下）
内腹斜筋（腱膜の下）

肩と上背部を床から起こしておく

❷

❸

スフィンクス
Sphinx

- **ターゲット** 腹壁と腰のストレッチ。

- **反復回数** 腹筋エクササイズを1セット終えるごとにポーズを30-60秒キープ。

- **コーチのアドバイス** 腹壁全体をストレッチするエクササイズです。腹筋エクササイズの後に腹筋をストレッチすれば理想的です。腰を反らすだけの運動にならないようにヒップを引き締めることを意識して。ゆっくり、規則正しく呼吸をつづけること。

- **呼吸** 深く、静かに呼吸しながらストレッチします。

- **注意** 腰に問題がある人はおこなわないこと。背中をあまり反らさないよう注意が必要です。また、首の筋肉を縮めないように必ず肩を下げて耳から離しておくこと。

- **エクササイズのポイント** 背骨全体をストレッチできるように視線を上げておくこと(首の力は抜く)。

*監修注:日本ではヨーガ以外でこのストレッチ種目を採用するケースはありません。もし実行する場合は、肘を床について、上半身を支えるフォームでおこなってください。

---

① 腹ばいになり、足裏を上に向けて脚を伸ばす。肘を曲げて、胸の前で手のひら全体を床につく。

② 床を押して腕を伸ばしきり、体幹を床から起こす。頭と背骨を一直線にそろえ、殿筋を収縮させる。

③ このポジションをキープし、じっくりと深呼吸しながらストレッチする。腰に負担がかかっていないか体の感覚に注意すること。

★ **バリエーション** 腕を伸ばしきると背中が反りすぎると感じるなら、軽く肘を曲げて行ってもかまいません。ただし、それではストレッチが弱いようなら、脚をずらして手をヒップに近づけてください。

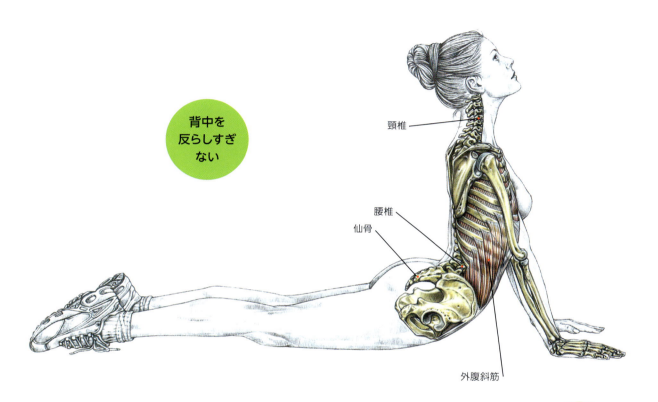

頭を
後ろに傾け
すぎない

背中を
反らしすぎ
ない

頸椎

腰椎
仙骨

外腹斜筋

手のひらで
押す

①

バリエーション　手をヒップに近づける

ゴール3
美しいヒップをつくる

レッグ・リフト・トゥ・ザ・サイド（横向きに寝て脚を上げる）
Leg Lift to the Side

- ◎ **ターゲット**　中殿筋を鍛えます。サドルバッグを落とすのにとても効果的。

- ⏱ **反復回数**　各脚20-30回×2、3セット。

- 🥽 **コーチのアドバイス**　週2、3回3、4カ月実行すれば、大腿（太もも）側面の余分な脂肪、いわゆるサドルバッグを落とす効果があります。目に見えて成果が出たら、あとはそれを維持するために週1、2回つづけましょう。

- 😮 **呼吸**　息を吐きながら脚を上げ、息を吸いながら脚を下げます。

- ❗ **注意**　腹筋をしっかり収縮させてバランスをとり、背中を反らさないようにすること。背中を反らすと腰椎を痛める恐れがあります。

- 🔑 **エクササイズのポイント**　横向きの骨盤が固定されているかぎり脚を上げます。それ以上上げると骨盤が動き出し、効果的ではなくなります。

---

① 横向きに寝て、両脚を伸ばして重ね合わせる。下になっている側の肘を床につき、反対側の腕を支えにする。殿筋と腹筋をしっかり収縮させることを意識する。

② 足首の角度は床と平行にしたまま上の脚を上げ、脚を上げきったポイントでいったん止める。20-30回繰り返す。息を吐きながら脚を上げ、息を吸いながら脚を下げる。

③ 脚を替える。

★ **バリエーション**　さらに負荷をかけるには、息を吐きながら脚を上げたポジションを5秒くらいキープしてから、脚を下げます。アンクルウェイトやエクササイズバンドで負荷をかける方法もあります。最後にもう1つ注意点を。脚のポジションによって、殿筋の前部に効くか、後部に効くかが変わります。

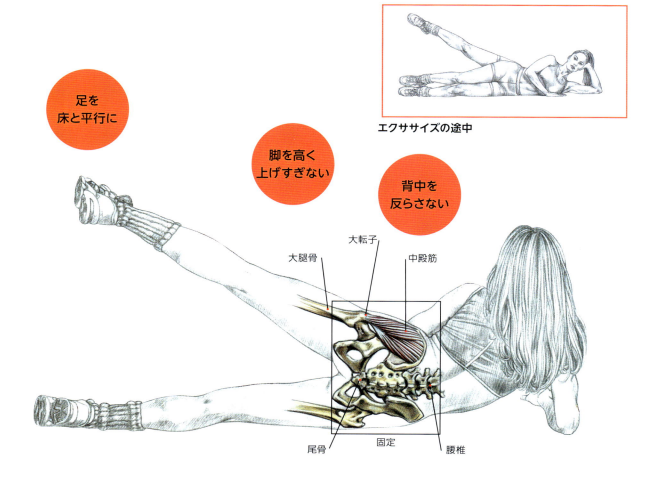

足を床と平行に

脚を高く上げすぎない

背中を反らさない

エクササイズの途中

大腿骨　大転子　中殿筋

尾骨　固定　腰椎

①

バリエーション　3通りの脚の上げ方

★

② ① ③

②

1 脚を真上に上げる
2 脚をやや後方に上げる
3 脚をやや前方に上げる

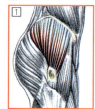
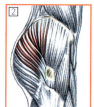
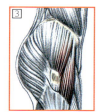

レッグ・リフト・オン・ザ・ベリー（腹ばいで脚を上げる）
Leg Lift on the Belly

◎ **ターゲット**　大殿筋と脊柱起立筋を鍛えるので、均整のとれたヒップと美しい下背部（腰）が手に入ります。

⏱ **反復回数**　各脚20-30回×2、3セット。

🎧 **コーチのアドバイス**　何かほかのことをしながら、たとえば戸外で寝そべって雑誌を読みながらでも簡単にできるエクササイズです。だから、回数は少なくてもいいのでチャンスがあるたび実行するようにしましょう。最終的な結果を決めるのはワークアウトの頻度ですから！

😮 **呼吸**　息を吐きながら脚を上げ、息を吸いながら脚を下げます。

❗ **注意**　ごく弱く腹筋を収縮させ、背中を少し反らしてください（ただし、反らしすぎないこと）。肩は肘の真上にきます。そして肩をすくめず、耳から離しておきます。背骨をストレッチする意識で。殿部より腰部に先に力が入りますが、あくまで意識は大殿筋に。

🔑 **エクササイズのポイント**　大殿筋に効かせるために上げる足をポイント（足首を伸ばす）にします。最も強く意識し、収縮させるのは大殿筋にしましょう。反復している間は足を床につけません。足が床につくのは各セットの最後だけ。

① 腹ばいになり、前腕（肘から手首まで）で体を支える。やや背中を反らし、足をポイントにして片脚を静かに上げる。

② 息を吐きながら、背中に負担がかからない範囲で脚をできるだけ高く上げる。息を吸いながら、脚を下げるが床にはつけず、また上げる。20-30回繰り返す。

③ 脚を替える。

★ **バリエーション**　さらに負荷をかけるには、息を吐きながら脚を上げたポジションを2、3秒キープしてから、脚を下げます。アンクルウェイトやエクササイズバンドで負荷をかける方法もあります。最後にもう1つ。ハムストリング（大腿後面）にもっと効かせたいなら膝を曲げてください。腰に負担が少ない方法として、重ねた手の甲におでこを置いて完全にうつぶせの状態からスタートするのがおすすめです。

スタートポジション

足を
ポイントに

頭と背骨を
一直線に
そろえる

大腿二頭筋 — 長頭
短頭
半腱様筋
脊柱起立筋
（胸腰筋膜の下）

大殿筋　中殿筋

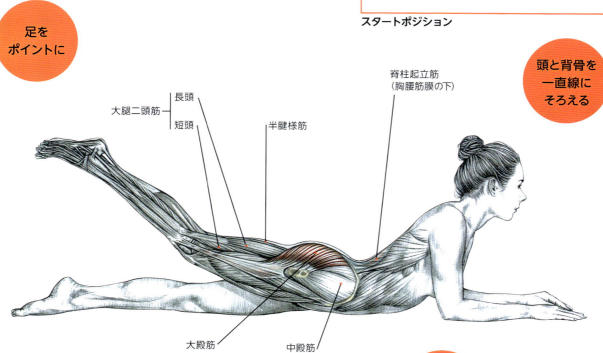

肩は肘の
真上にくる

バリエーション　膝を曲げて

レッグ・リフト・オン・ザ・ニーズ（膝をついて脚を上げる）
Leg Lift on the Knees

- ◎ **ターゲット**　大殿筋(ヒップの曲線)を鍛えます。

- ◔ **反復回数**　各脚20-30回×3、4セット。

- ∞ **コーチのアドバイス**　正しいフォームで行ってこそ効果のあるエクササイズです。脚を高く上げればいいというものではありません(それでは背中が反ってしまうだけ)。体幹をまっすぐ保つことに注意(そのためには腹筋を収縮させ、前腕で床を押します)。

- **呼吸**　息を吐きながら脚を上げ、息を吸いながら脚を下げます。

- ❗ **注意**　エクササイズ中ずっと腹筋を収縮させてバランスをとること。頭と背骨を一直線にそろえて。

- 🗝 **エクササイズのポイント**　ふくらはぎをストレッチし、大腿の筋肉が収縮しないように上げる足はフレックスにします。

---

① 両膝を床につき、肘と前腕もついて体を支える。頭と背骨を一直線にそろえ、腹筋と殿筋をしっかり収縮させる。片膝を胸に引き寄せる。

② 息を吐きながら、胸に引き寄せた脚を後ろに上げて伸ばす。足はフレックスかニュートラルにする。息を吸いながら、スタートポジションに戻り、また膝を胸に引き寄せる。脚は床につけない。これを20-30回繰り返す。

③ 脚を替える。

★ **バリエーション**　さらに負荷をかけるには、息を吐きながら脚を上げたポジションを2、3秒キープしてから、脚を下げます。ウェイトで負荷をかける方法もあります。中殿筋(ヒップの外側)にもっと効かせたければ、膝を胸に引き寄せるのではなく、脚を伸ばしたまま、支持脚の外側に向かって下げます。このバリエーションは、普段あまり使わない筋肉を鍛える効果抜群のエクササイズ。

エクササイズの途中

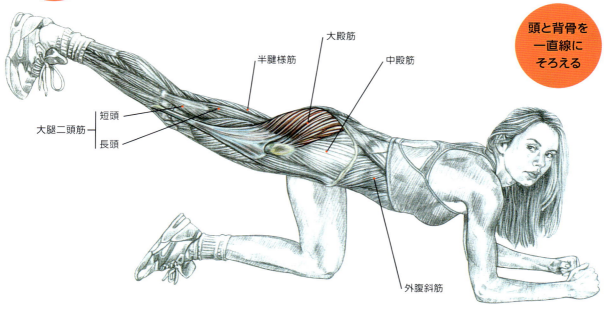

足を
フレックスか
ニュートラルに

頭と背骨を
一直線に
そろえる

大殿筋
半腱様筋
中殿筋
大腿二頭筋 ─ 短頭
　　　　　　長頭
外腹斜筋

肩は肘の
真上にくる

バリエーション　脚を伸ばしたまま支持脚の外側に向かって下げる

レッグ・リフト・ウィズ・ア・ベント・ニー（膝を曲げて脚を上げる）
Leg Lift with a Bent Knee

- ◎ **ターゲット**　中殿筋と大殿筋を鍛えます（引き締まった、丸みのあるヒップをめざして）。

- ⏱ **反復回数**　各脚20-30回×3、4セット。

- 👓 **コーチのアドバイス**　ヒップをしっかり収縮させてエクササイズしてください。そのままでもヒップを使うエクササイズですが、意識的に使えば一段とヒップが鍛えられます。

- 😮 **呼吸**　息を吐きながら脚を上げ、息を吸いながら脚を下げます。

- ❗ **注意**　エクササイズ中ずっと腹筋を締めてバランスをとり、背中を反らさないようにすること。頭と背骨を一直線にそろえ、コントロールしながら脚を下げてください。脚を高く上げすぎたり、さっさと下げたりしてはいけません。

- 🔑 **エクササイズのポイント**　動かす脚の膝を直角以上に曲げると、反射的に背中が反り効果が上がらないばかりか、腰を痛める原因にもなります。

---

① 両膝を床につき、肘と前腕もついて体を支える。頭と背骨を一直線にそろえ、腹筋と殿筋を締める。片脚を床から浮かす。

② 息を吐きながら、大腿部を体幹の延長線上まで上げる。足はフレックスかニュートラルにする。息を吸いながら、スタートポジションに戻るが、膝は床につけない。これを20-30回繰り返す。

③ 脚を替える。

★ **バリエーション**　さらに負荷をかけるには、息を吐きながら脚を上げたポジションを2、3秒キープしてから、脚を下げます。ウェイトで負荷をかける方法もあります。もっとハムストリング（大腿後面）にも効かせたければ、体幹の延長線で膝をしっかり伸ばし（足はフレックス）、そこから膝を直角に曲げます。元の位置に戻し、繰り返します。

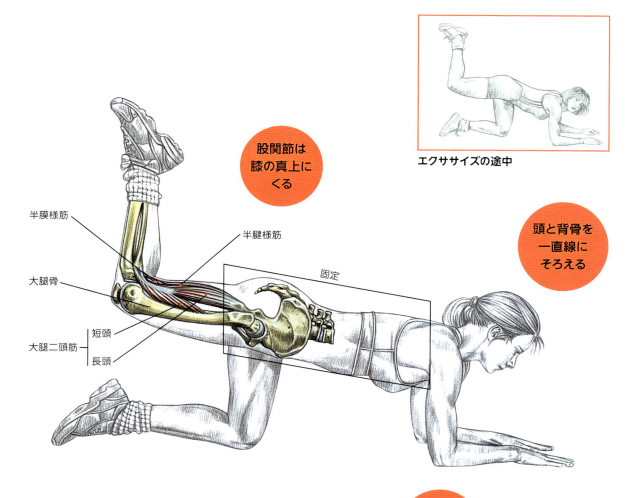

半膜様筋
半腱様筋
大腿骨
大腿二頭筋 ― 短頭
　　　　　　 長頭

固定

股関節は膝の真上にくる

頭と背骨を一直線にそろえる

肩は肘の真上にくる

エクササイズの途中

①

②

バリエーション　脚を伸ばしてスタート

オポジット・アーム・アンド・レッグ・レイズ（対側の腕と脚を上げる）
Opposite Arm and Leg Raise

◎ **ターゲット**　同時にコアの筋肉を鍛えることができる筋力をつけます。特に大殿筋（ヒップ後部の丸み）と下背部の全筋肉（腰方形筋、脊柱起立筋）を鍛えます。

🕒 **反復回数**　左右それぞれポーズを30-40秒キープ×3、4回

👀 **コーチのアドバイス**　スタビライゼーション（安定）エクササイズは、一度にたくさんの筋肉を鍛え、安定を改善するのに理想的。ただし、あるポジションで静止するエクササイズなのでフォームに注意することがとても重要です。必ず背骨を伸ばしきってください。

😮 **呼吸**　静かに深呼吸をつづけます。

❗ **注意**　エクササイズ中ずっと腹筋を締めてバランスをとり、背中を反らさないようにすること。頭と背骨を一直線にそろえてください。伸ばした脚と腕を引っ張り合うようにすると正しいフォームを保ちやすくなります。

🗝 **エクササイズのポイント**　殿筋と下背部の筋肉を収縮させることを意識しましょう。ポーズをキープしながら長く息を吸って、吐きます。

---

① 片膝をつき、反対側の腕で体を支える。息を吸って、床についていないほうの腕と脚をゆっくり上げて、体と一直線になるようにする。

② このポーズを呼吸しながらキープする。腹壁を軽く収縮させて、頭と背骨を一直線にそろえる。息を吐くたびに、軽く脚を後ろに腕を前に伸ばす。

③ 力を抜いて、反対側を同様に行う。

★ **バリエーション**　ポーズをキープしながら伸ばした腕と脚を小さく上下に動かします。コントロールしながら、小刻みに動かすよう気をつけて。

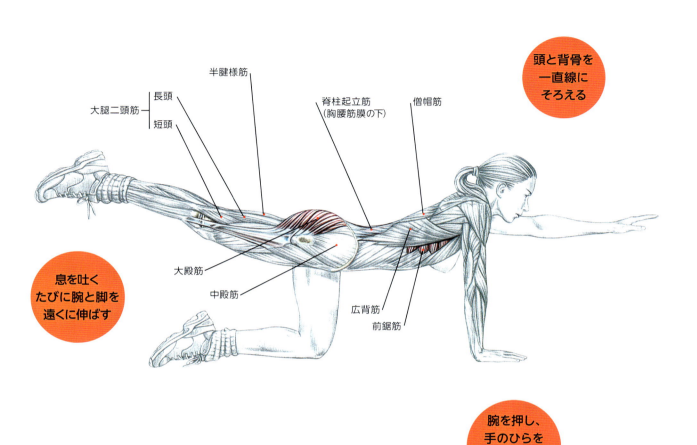

サイド・レッグ・レイズ・オン・ザ・ニーズ（膝をついて脚を横に上げる）
Side Leg Raise on the Knees

◎ **ターゲット**　中殿筋と小殿筋（中殿筋の下にある）を鍛えます。大腿の外側をシェイプしてサドルバッグを落とす効果大。

⏱ **反復回数**　各脚20-30回×3、4セット。

🎧 **コーチのアドバイス**　背骨をねじらないように気をつけて。腕を伸ばし、両手で均等に床を押し、頭と背骨を一直線にそろえましょう。そして腹筋を締め、体をしっかり安定させてください。

😮 **呼吸**　息を吐きながら脚を上げ、息を吸いながら脚を下げます。

❗ **注意**　股関節の外転には生理学的に限界があるので、大腿を無理やり水平より高く上げようとしても意味がありません。無理をしても効果は上がらない！

🔑 **エクササイズのポイント**　バランスがうまくとれないなら、両手の間隔を肩幅よりやや広くしてください。こうすれば体を安定させやすいだけでなく、ヒップの運動に集中できます。

① 四つんばいになる。腕を伸ばし、手のひらを床に押し当て、頭と体を一直線にそろえる。腹筋と殿筋をしっかり収縮させる。

② 息を吐きながら、脚を曲げたまま片膝を横に上げる。このとき肘が曲がったり、骨盤が動いたりしないこと。息を吸いながら、スタートポジションに戻るが、膝は床につけない。同様に20-30回繰り返す。

③ 脚を替える。

★ **バリエーション**　さらに負荷をかけるには、息を吐きながら脚を上げたポジションを2、3秒キープしてから、脚を下げます。あるいは、足をフレックスにして脚を伸ばし、また曲げてからスタートポジションに戻すという方法もあります。ぎくしゃくした動きではなく、なめらかに動きましょう。逆に、このエクササイズが難しすぎるなら、横向きに寝て行ってもかまいません。

頭と背骨を
一直線に
そろえる

スタートポジション

中殿筋
大殿筋
大腿筋膜張筋
大腿四頭筋
（外側広筋）
長内転筋

脚を
骨盤より
高く上げない

腕を伸ばし、
手のひらを床に
押し当てる

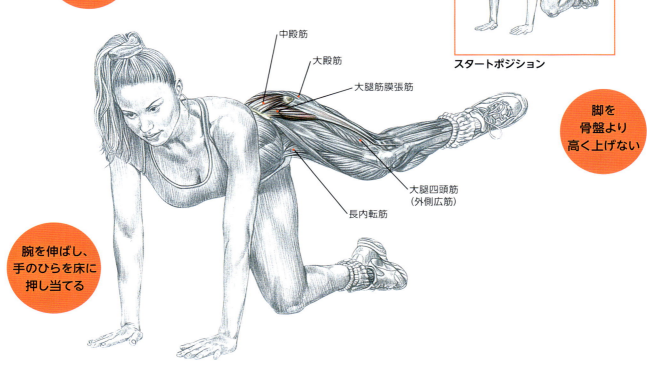

①

②

バリエーション　脚を伸ばして

バリエーション　横向きに寝て

ブリッジ
Bridge

- 🎯 **ターゲット**　ハムストリングとヒップ（大殿筋）を鍛えて、脚の後面全体をスッキリさせます。

- ⏱ **反復回数**　30回×4セット。

- 👓 **コーチのアドバイス**　エクササイズ中は、頸椎を痛めないように胸を見ているようにしましょう。かかとで床を押すと、ハムストリングに力が入ります。肩が床から離れないように注意。

- 😮 **呼吸**　息を吐きながら骨盤を上げ、息を吸いながら下に戻ります。

- ❗ **注意**　骨盤を高く上げすぎないこと。殿筋とハムストリングをしっかり収縮させて、腰を反らさないようにしてください。

- 🔑 **エクササイズのポイント**　膝を閉じると、股関節の内転筋をよく収縮させることができます。踵で床を押すように動作することで、より一層ハムストリングとヒップが収縮します。

---

① 仰向けに寝る。腕を体側に伸ばし、手のひらを床に押し当てる。膝を曲げ、足裏全体を床につける。背中をしっかり床に押しつけ、軽く腹筋に力を入れておき、深く息を吸う。

② 息を吐きながら、骨盤を上げて胸骨から膝までが一直線になるようにする。肩を床に押しつけ、膝は前に向けておく。

③ 息を吸って、コントロールしながら静かに骨盤を下げるが、床にはつけずに、また繰り返す。

⭐ **バリエーション**　さらに負荷をかけるには、ブリッジを12秒キープします。ただし、息を止めないこと。あるいは、運動範囲を小さくして、上下運動を連続的に繰り返します（骨盤を上げきるより活発な動き）。

1. スタートポジション　2. エクササイズの途中

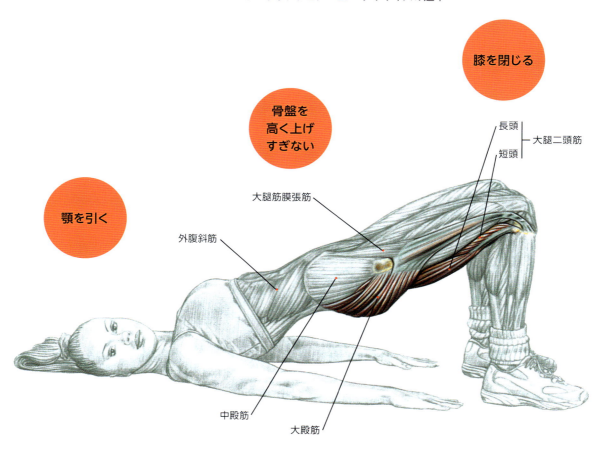

膝を閉じる

骨盤を高く上げすぎない

顎を引く

長頭 ─ 大腿二頭筋
短頭

大腿筋膜張筋

外腹斜筋

中殿筋

大殿筋

ブリッジ（足をベンチにのせて）
Bridge, Feet on a Bench

- ◎ **ターゲット** 腓腹筋（ふくらはぎ後面）も鍛えるハムストリングの集中エクササイズ。

- 🕐 **反復回数** 30回×4セット。

- 👓 **コーチのアドバイス** 顎を引いて、上背部を床に伸ばしてください。両肩をできるだけ離すようにし、ブリッジのポジションでは胸骨を広げましょう。

- 😮 **呼吸** 息を吐きながら骨盤を上げ、息を吸いながら下に戻ります。

- ❗ **注意** 体がベンチから適度に離れているか確認するには、スタートポジションで膝が直角に曲がっているかチェック。それより近いと背中が反りすぎてしまうリスクがあり、それより遠いとバランスがとりにくくなります。ブリッジのポジションでは膝、骨盤、胸が一直線になります。それより高くしないこと。

- 🔑 **エクササイズのポイント** ブリッジになっても、ベンチに足裏を押しつけずに踵だけで体を支えることができれば、さらに効くエクササイズになります。

---

① 仰向けに寝る。腕を体側に伸ばし、手のひらを床に押し当てる。膝を直角に曲げ、足をベンチにのせる。背中を床に押しつけ、深く息を吸って、へそを背骨に引き寄せる。

② 息を吐きながら、骨盤を上げて胸骨から膝までが一直線になるようにする。肩を床に押しつけ、膝は前に向けておく。

③ 息を吸って、コントロールしながら静かに骨盤を下げるが、床にはつけずに、また繰り返す。

★ **バリエーション** さらに負荷をかけるには、ブリッジを4-5秒キープします。ただし、息を止めないこと。運動範囲を小さくして、上下運動を連続的に繰り返す方法もあります（骨盤を上げきるより活発な動き）。あるいは、ブリッジのポーズで殿筋をすばやく絞るだけにしてもOK。

スタートポジション

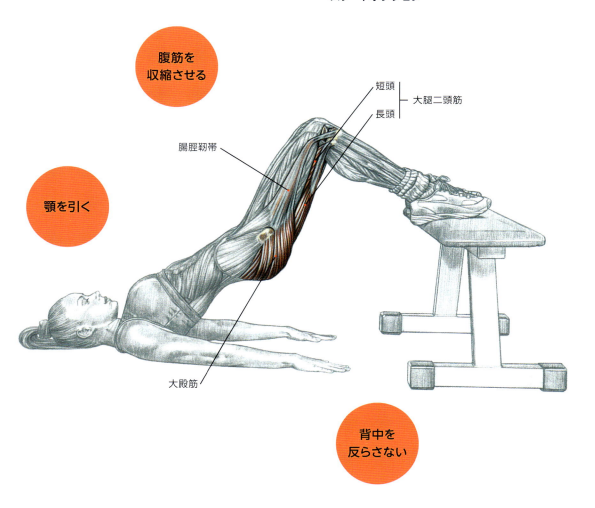

腹筋を収縮させる

短頭 ┐
      ├ 大腿二頭筋
長頭 ┘

腸脛靭帯

顎を引く

大殿筋

背中を反らさない

①

②

ブリッジ（片脚を上げて）
Bridge, One Leg Raised

- ◎ **ターゲット**　ハムストリングとヒップ（大殿筋）を鍛え、"垂れ尻"解消にとても効果的。

- ⏱ **反復回数**　各脚20-30回×3、4セット。

- 👓 **コーチのアドバイス**　床についている足をしっかり押してバランスをとってください。顎を引いて、胸を見ましょう。肩、腕、手のひらも床に押し当てて体を安定させる土台にします。

- 😮 **呼吸**　息を吐きながら骨盤を上げ、息を吸いながら下に戻ります。

- ❗ **注意**　骨盤や伸ばした脚を高く上げすぎないこと。骨盤は体幹と一直線にそろえます。殿筋と腹筋を収縮させて必要以上に腰が反らないようにしてください。

- 🔑 **エクササイズのポイント**　伸ばす脚は足をフレックスにして、ふくらはぎをストレッチします。

① 仰向けに寝る。腕を体側に伸ばし、手のひらを床につける。背中を床に押しつけ、片脚を曲げて、足裏をしっかり床に押し当てる。反対側の脚はまっすぐ伸ばして、床から上げておく。軽く腹筋に力を入れておき、深く息を吸う。

② 息を吐きながら、骨盤を上げて、イラストのように胸骨、骨盤、両膝、伸ばした脚の足を一直線にそろえる。肩を床に押しつけ、支持脚の膝は前に向けておく。写真②では、脚を低めに上げているが、このほうが難易度が高い。

③ 息を吸って、コントロールしながら静かに骨盤を下げるが、床にはつけずに、また繰り返す。1セット終わったら、脚を替える。

★ **バリエーション**　さらに負荷をかけるには、ブリッジを4-5秒キープします。ただし、息を止めないこと。片側をフルセットやってから、反対側に替えるのではなく、左右交互にブリッジして1セットとする方法もあります。その場合、1回ごとに背中を床につけます。

スタートポジション

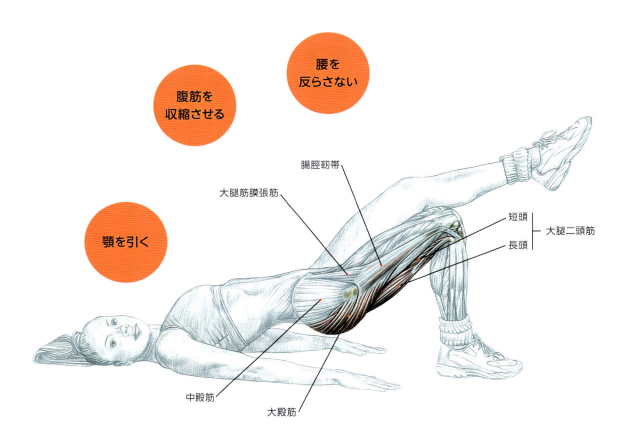

腹筋を収縮させる

腰を反らさない

顎を引く

腸脛靭帯

大腿筋膜張筋

短頭 ─┐
長頭 ─┘ 大腿二頭筋

中殿筋

大殿筋

ライイング・ハムストリング・ストレッチ（仰向けでハムストリングのストレッチ）
Lying Hamstring Stretch

- **ターゲット**　筋力トレーニングで疲労した大腿後面の回復エクササイズ。

- **反復回数**　ストレッチを30-40秒キープ。ヒップとハムストリングのワークアウトの終わりにこのストレッチをやっておきましょう。

- **コーチのアドバイス**　筋肉が硬くて脚をまっすぐ伸ばせない場合は、床に伸ばす脚を曲げ、宙に上げる脚も軽く曲げてOK。ただし、ヒップは絶対に床から浮かさないこと。

- **呼吸**　静かに深呼吸しながらストレッチします。

- **注意**　くれぐれも無理なストレッチはしないで。ストレッチ中は呼吸を意識してください。静かに脚を引っ張って、少しずつ胸に近づけるのはOKですが、はずみをつけてはいけません。

- **エクササイズのポイント**　ふくらはぎとハムストリングを最大限にストレッチするには、宙に上げる足をフレックスにします。

---

① 仰向けに寝て、片脚を床に伸ばす。反対側の脚を曲げて、腹部に引き寄せる。曲げた脚の大腿後面に両手を添える。

② その脚をできるだけ上に静かに伸ばしていく。

③ 伸ばした脚を床に戻し、脚を替える。

★ **バリエーション**　柔軟性によっては、床に伸ばす脚を曲げ、宙に上げる脚も少々曲げる必要があるかもしれません。脚を曲げた状態でストレッチすると大殿筋がターゲットになり、脚を伸ばした状態でストレッチするとハムストリングがターゲットになります。

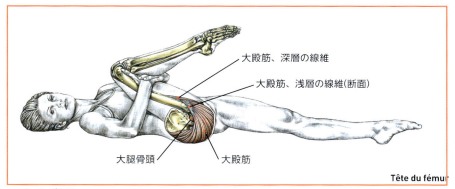

スタートポジション

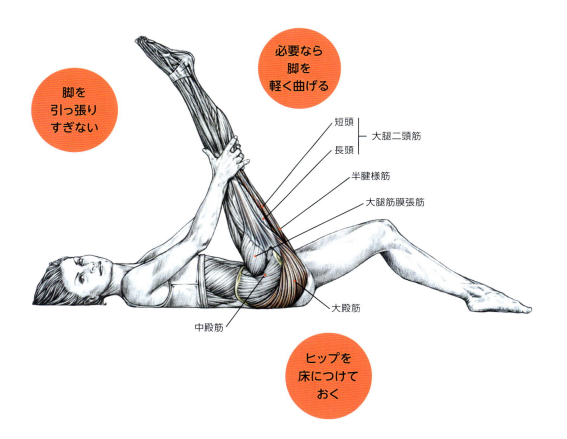

バトックス・ストレッチ（ヒップのストレッチ）
Buttocks Stretch

- ◎ **ターゲット**　大殿筋の強いストレッチ。腰のリラックスにもなります。

- ⏱ **反復回数**　左右それぞれストレッチを30-40秒キープ。ヒップとハムストリングのワークアウトの終わりにこのストレッチをやっておきましょう。

- 👓 **コーチのアドバイス**　ストレッチをすることで、収縮された筋肉を元の長さに戻したり、乳酸の排出が高まります。筋肉痛の予防手段として有効ですので、ワークアウトの終わりにはぜひストレッチの時間をとってください。

- 😮 **呼吸**　静かに深呼吸しながらストレッチします。

- ❗ **注意**　指を大きく広げて床に手をつき、体をきちんと支え、背骨を天井のほうにストレッチすること。へそをへこませて、腹部と大腿のすき間を増やし、体をしっかりねじってください。

- 🗝 **エクササイズのポイント**　背中をまっすぐ伸ばします。そうすると、大殿筋がよくストレッチされるだけでなく、筋肉に酸素がよく行き渡ります。

---

① 脚を伸ばして床に座る。右脚を曲げて、伸ばした左脚をまたぐ。

② 右の手のひらをヒップの後ろで床につく。左腕の肘で曲げた右脚の膝を押す。背骨を天井のほうに伸ばし、体幹を直立させる。

③ 深呼吸しながら、そのポーズをキープして殿筋をストレッチする。肘で膝をそっと押して脚のストレッチを強めてもいい。脚を替える。

★ **バリエーション**　腰（脊柱起立筋）、それに腹斜筋と首の筋肉もしっかりストレッチしたければ、体幹をもっとねじり、肩と胸骨を広げ、頭を後ろに回して、肩ごしに後方を見ます。

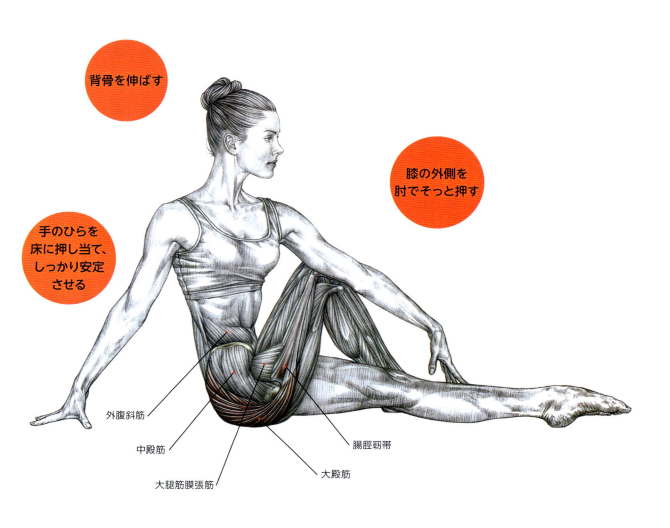

背骨を伸ばす

膝の外側を肘でそっと押す

手のひらを床に押し当て、しっかり安定させる

外腹斜筋
中殿筋
大腿筋膜張筋
腸脛靭帯
大殿筋

バリエーション　腰のストレッチを強める

スタンディング・バック・キック（脚を後ろに伸ばす）
Leg Extension to the Back

- ◎ **ターゲット**　大殿筋(ヒップの曲線)を鍛えます。

- ⏱ **反復回数**　各脚20-30回×3、4セット。

- ∞ **コーチのアドバイス**　バランスをよくするのにも効果的なエクササイズです。腕を胸の前で組むことで体を安定させやすくなりますが、姿勢を保つためには、腹壁を締めなければなりません。

- **呼吸**　息を吐きながら脚を上げ、息を吸いながら脚を下げます。

- ❗ **注意**　脚を高く上げすぎると、背中が反ってしまうだけで意味がありません。体幹はまっすぐにしておくこと。

- 🔑 **エクササイズのポイント**　大殿筋は、脚を上げ・下げする動作ではたらきます。ただし、スピードをコントロールしながら、ゆっくり、少しずつ動かすこと。

---

① 直立し、骨盤を後傾させる(p.30を参照)。

② 足裏全体で床を踏んで片脚立ちになる。腹筋と殿筋を収縮させてバランスをとる。息を吐きながら、反対側の脚を伸ばしたまま後ろに上げ、腕を胸の前で組む(あらかじめ腕を組んでおいてもいい)。

③ 息を吸いながら、スタートポジションに戻るが、足は床につけないで繰り返す。片脚1セット終わったら、脚を替える。

★ **バリエーション**　さらに負荷をかけるには、ウェイトやエクササイズバンドを使います。バランスをとるのが難しければ、壁に両手をつくか、スティックを使ってください。スティックを使うなら、脚を曲げて、いったん前に上げてから、後ろに伸ばすというバリエーションもあります。こうすると大腿四頭筋もターゲットになります。

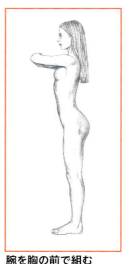

腕を胸の前で組む
スタートポジション

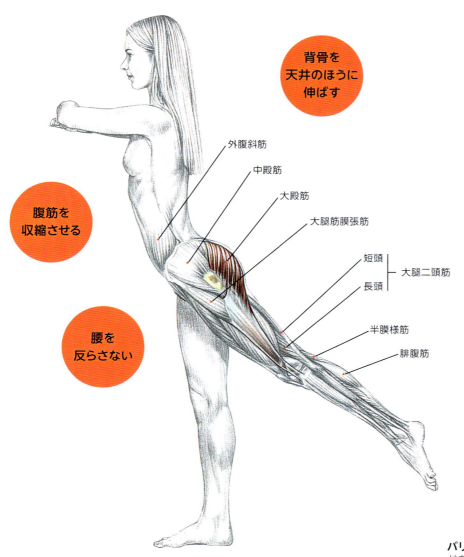

背骨を
天井のほうに
伸ばす

腹筋を
収縮させる

腰を
反らさない

外腹斜筋
中殿筋
大殿筋
大腿筋膜張筋
短頭 ┐
長頭 ┘ 大腿二頭筋
半膜様筋
腓腹筋

バリエーション　エクササイズバンドを使って

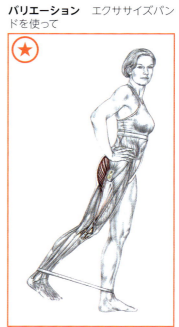

スタンディング・サイド・キック（脚を横に伸ばす）
Leg Extension to the Side

◎ **ターゲット** 中殿筋と小殿筋（中殿筋の下にある）を鍛え、引き締めます。特にサドルバッグ部分に効きます。

⏱ **反復回数** 各脚20-30回×3、4セット。

👓 **コーチのアドバイス** バランスをとるために、特に腰が反ったり、骨盤が左右に傾いたりしないように必ず腹壁を締めてください。

😮 **呼吸** 息を吐きながら脚を上げ、息を吸いながら脚を下げます。

❗ **注意** 脚を高く上げすぎると、骨盤が動いてしまうだけで意味がありません。体幹はまっすぐにしておくこと。

🔑 **エクササイズのポイント** このエクササイズの効果を得るには、支持脚を体幹と一直線にそろえ、骨盤を立てて水平に保ち、足をフレックスにしなければなりません。

① 脚をそろえて立ち、片手をウエストに、もう一方の手を支え（壁など）に置いて体を安定させる。片足をそっと床から浮かす。

② 息を吐きながら、殿筋を収縮させて、床から浮かした脚を横に上げる。脚の外側に効くように足はフレックスにして床と平行にしておく。

③ 息を吸いながら、スタートポジションに戻るが、足は床につけないで繰り返す。片脚1セット終わったら、脚を替える。

★ **バリエーション** 支えとしてスティックを使う方法もあります（体の横か正面に置く）。負荷を上げるには、ウェイトやエクササイズバンドを使います。バランスをとるのに問題がなく、このエクササイズが簡単にこなせるなら、腕を胸の前で組んでみましょう。脚をやや前よりに上げると大腿筋膜張筋にもっと効き、脚をやや後ろよりに上げると大殿筋の上部にもっと効きます。

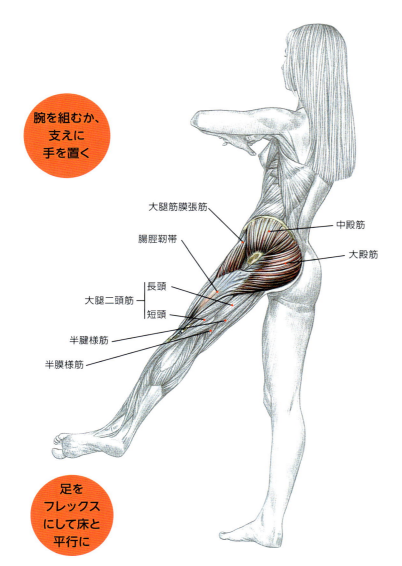

腕を組むか、支えに手を置く

体幹をまっすぐにする

大腿筋膜張筋
腸脛靭帯
大腿二頭筋 — 長頭
　　　　　　短頭
半腱様筋
半膜様筋
中殿筋
大殿筋

足をフレックスにして床と平行に

①

②

バリエーション　エクササイズバンドを使って

バリエーション　支えにスティックを使って

ラテラル・レッグ・カール（脚を横に上げてから踵をヒップに近づける）
Lateral Leg Curl

- **ターゲット**　中殿筋も小殿筋（中殿筋の下にある）も鍛え、引き締めます。最後に脚を曲げる動きが入ることで大殿筋も使います。つまり、ヒップの筋肉がまとめて全部ターゲットになるエクササイズです。

- **反復回数**　各脚20-30回×3、4セット。

- **コーチのアドバイス**　脚を高く上げすぎないで。骨盤は動かさず、まっすぐ立てておきます。最後まで同じ姿勢を崩さないように頑張りましょう。動くのは下腿（膝下）だけです。そのためには、腹筋を締めるのを忘れないこと。

- **呼吸**　息を吐きながら脚を曲げ、息を吸いながら脚を伸ばします。

- **注意**　骨盤を動かさないよう気をつけて。背筋（せすじ）を伸ばし、骨盤を正面に向けて水平に保つこと。

- **エクササイズのポイント**　このエクササイズの効果を得るには、支持脚を体幹と一直線にそろえ、骨盤を立てて水平に保ち、足をフレックスにしなければなりません。

---

① 脚をそろえて立ち、片手をウエストに添え、もう一方の手でスティックを握って支えにする。

② 息を吐きながら、殿筋を収縮させて、片脚を伸ばしたまま横に上げる。脚の外側に効くように足はフレックスにして床と平行にする。

③ 次に息を吐くとき、膝を曲げて、足をフレックスにしたまま踵をヒップに近づける。息を吸いながら、脚を伸ばして、また曲げる。片脚1セット終わったら、脚を替える。

★ **バリエーション**　このエクササイズを簡単に感じ、苦労なくバランスがとれるなら、腕を胸の前で組むか、両手を腰に添えてみましょう。あなたにとってベストな方法を見つけてください。両手を腰に添えると、骨盤がねじれたり、傾いたりするのをコントロールできます。

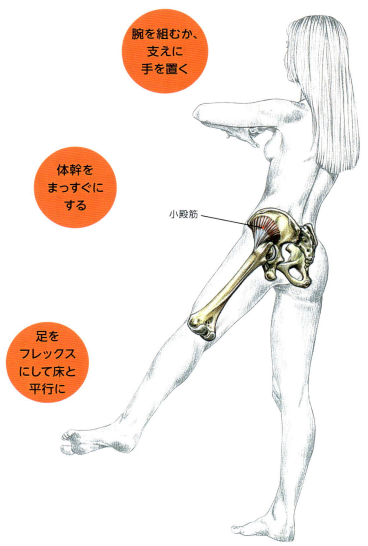

腕を組むか、支えに手を置く

体幹をまっすぐにする

小殿筋

足をフレックスにして床と平行に

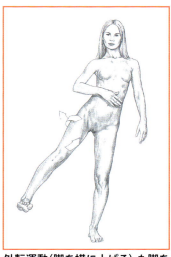

外転運動（脚を横に上げる）も脚を曲げて内旋させる運動も小殿筋と中殿筋前部を使う。

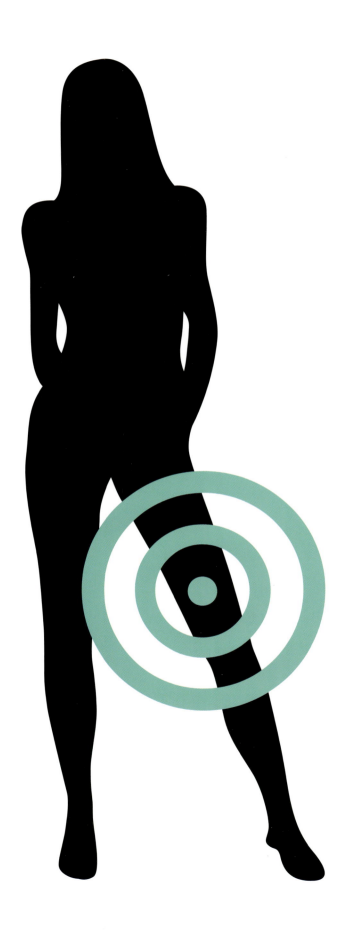

ゴール4
脚を引き締める

スタンディング・ニー・レイズ（立って膝を引き上げる）
Standing Knee Raise

- ◎ **ターゲット**　大腿四頭筋と大腿筋膜張筋を鍛え、大腿(太もも)の前面を引き締めます。

- ⌛ **反復回数**　各脚20-30回×3、4セット。

- 🎧 **コーチのアドバイス**　バランスをとり、骨盤を正面に向けておくために、腹壁を締め支持脚の殿筋を収縮させましょう。

- 😮 **呼吸**　息を吐きながら脚を上げ、息を吸いながら脚を下げます。

- ❗ **注意**　背中を反らさないこと。支持脚から頭まで一直線に保ってください（p.30を参照）。

- 🔑 **エクササイズのポイント**　このエクササイズの効果を最大限に引き出すには、脚を引き上げるときはダイナミックに動かし（つまり、一気に引き上げる）、下げるときはコントロールしながら、ゆっくり動かします。

---

① 脚をそろえて立ち、両手を腰に添え、支持脚から頭まで一直線に保つ。片脚で体を支え、反対側の脚を曲げて母指球（親指のつけ根のふくらみ）を床につける。

② 息を吐きながら、殿筋を収縮させて、曲げた脚を膝が直角になるまで前に引き上げる。大腿が床と平行になるか、平行をやや超える。

③ 息を吸いながら、スタートポジションに戻るが、足は床につけずに繰り返す。片脚1セット終わったら、脚を替える。

★ **バリエーション**　支えを利用してもOK（片手でスティックを握るか、片手を壁につく）。さらに負荷をかけるなら、ウェイトを使います。あるいは、引き上げた脚を2、3秒キープするか、脚を胸に引き寄せます。胸に引き寄せると殿筋のストレッチにもなります。

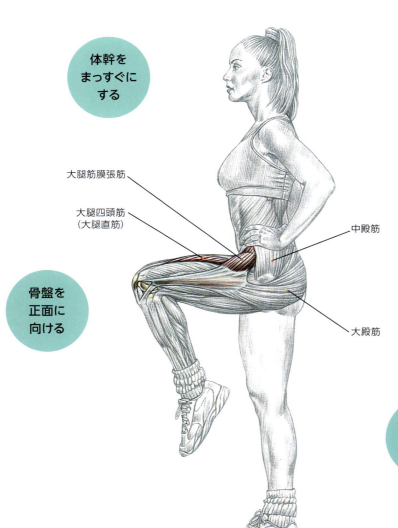

体幹を
まっすぐに
する

大腿筋膜張筋

大腿四頭筋
（大腿直筋）

中殿筋

大殿筋

骨盤を
正面に
向ける

支持脚を
まっすぐ
伸ばす

スタートポジション

ボディウェイト・スクワット（自重スクワット）
Body-Weight Squat

- ◎ **ターゲット**　大腿四頭筋とヒップを鍛えます。とてもよいウォームアップにもなる下半身の完璧なエクササイズ。スクワット（p.112-113を参照）で使われる屈曲運動の練習になるので初心者にもぴったり。

- **反復回数**　30回×4セット。

- **コーチのアドバイス**　前に倒れてしまうなら、足首が硬いか、大腿骨（脚の上半分の骨）が長いのかもしれません。この問題を解消するには、踵の下に何かはさんでください（三つ折りにしたヨガマットなど）。ただし、気をつけてバランスをとりましょう。

- **呼吸**　息を吸いながらしゃがみ、息を吐きながら立ち上がります。

- **注意**　胸を張って、背筋を伸ばしますが、反らさないこと。背中を丸めてもいけません。また、頭を前に傾けず、背骨と一直線にそろえてください。

- **エクササイズのポイント**　このエクササイズの効果を最大限に引き出すには、コントロールしながらしゃがみ、はずみをつけずに動くこと。胸を張り腰筋を伸ばし、踵を絶対に床から離さないことも大切。

1. 脚をやや開いて立ち、腕を前に伸ばすか、体側に下げる。頭と背中をまっすぐにし、胸を張る。息を吸いながら、腰を斜め下方へおろし、大腿が床と平行になるまでしゃがむ。
2. 息を吐きながら、立ち上がってスタートポジションに戻る。
3. 1セット終わるまで繰り返す。
★ **バリエーション**　さらに負荷をかけるには、膝を曲げたポジションを4、5秒キープします。腕を前に伸ばすと、前のめりになって姿勢が崩れるのを防ぎ、同時に腕の下側の引き締め効果もあります。腕を胸の前で組むか、体側に下げるバリエーションもあります。

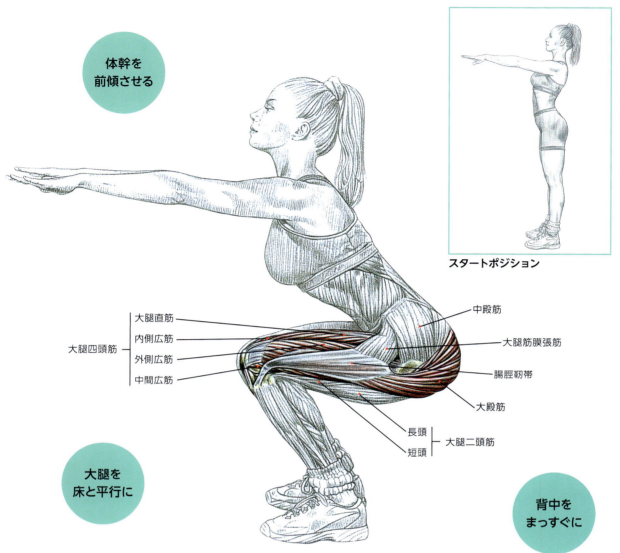

体幹を
前傾させる

スタートポジション

大腿四頭筋 — 大腿直筋 / 内側広筋 / 外側広筋 / 中間広筋

中殿筋
大腿筋膜張筋
腸脛靭帯
大殿筋
大腿二頭筋 — 長頭 / 短頭

大腿を
床と平行に

背中を
まっすぐに

バリエーション　腕を胸の前で組むか、体側に下げる

デッドリフト
Deadlift

- ◎ **ターゲット**　大腿四頭筋、内転筋、大殿筋を鍛えます。ウェイトを使うなら、下背部(腰)の筋肉はもちろん、僧帽筋もターゲットになります。

- ⏱ **反復回数**　15回×4セット。

- 👓 **コーチのアドバイス**　初めはバーだけでスタートしてもかまいません。このエクササイズを正しくできるようになり、ケガをする心配がなくなったら、軽いウェイト(7-11kg)をつけましょう。

- 😮 **呼吸**　息を吸いながらしゃがみ、息を吐きながら立ち上がります。

- ❗ **注意**　正しくやらないと下背部を痛めかねません。ケガをしないように両腕を伸ばし、殿筋を収縮させ、腹筋を締めること。

- 🔑 **エクササイズのポイント**　足首がきちんとサポートされるように、シューズはぴったりフィットしたものを。

① 脚を開いて立つ。足はパラレル(平行)にするか、ターンアウト(つま先を開く)する。常につま先と膝の向きをそろえておくこと。

② 体幹をやや前傾させ、下背部に力を込めておく。順手(手のひら下)でバーを床から持ち上げる。ウェイトの重さによっては、バーがすべらないように片手を順手、片手を逆手(手のひら上)にしてもいい。

③ 息を吐きながら立ち上がる。はずみをつけないこと。また、軽く胸を張り最後まで下背部の力を抜かないこと。息を吸いながらバーを下ろす。

★ **バリエーション**　足のポジションと脚の間隔によって、背筋や大腿四頭筋にかかる負荷が強くなったり、弱くなったりします。ウェイトの重さは変えてもかまいませんが、自分の筋力とよく相談を!

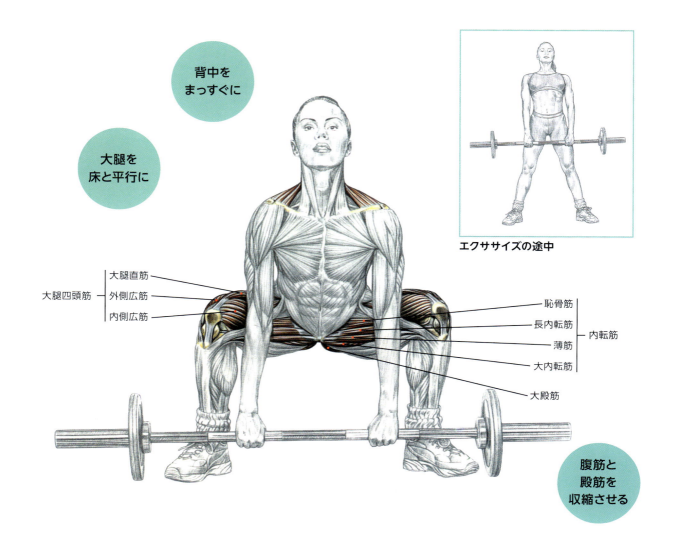

エクササイズの途中

背中を
まっすぐに

大腿を
床と平行に

大腿四頭筋 ─ 大腿直筋
　　　　　　 外側広筋
　　　　　　 内側広筋

恥骨筋
長内転筋 ─ 内転筋
薄筋
大内転筋
大殿筋

腹筋と
殿筋を
収縮させる

バーを使ったスクワット
Squat with a Bar

- ◎ **ターゲット** 大腿とヒップを引き締める一石二鳥のエクササイズ。

- ⏱ **反復回数** 15回×4セット。

- 🎙 **コーチのアドバイス** 胸を軽く張り、必ず体幹をまっすぐにしておくこと。下背部を痛めてしまうので、背中を丸めてはいけません。しゃがむときも立ち上がるときも、腹筋を締め、殿筋を収縮させましょう。

- 😮 **呼吸** 息を吐きながら立ち上がり、息を吸いながらしゃがみます。

- ❗ **注意** 膝を痛めないように、足のポジションを正しく。肩幅くらいに離し、パラレルにするか、ややターンアウトします（無理のないほうにする）。

- 🔑 **エクササイズのポイント** 踵が床から浮いたり、背中が丸くなったりしない範囲で、できるだけ低くしゃがみます。しゃがむときも立ち上がるときも、コントロールしながら正確に少しずつ動くことが大切です。

① 脚を開いて立つ。足はパラレルにする。バーを肩にのせ、胸を張り腰筋を伸ばす。背中を平らに保つ。

② 息を吸いながら、大腿が床と平行になるまで腰を斜め下方へ下ろしていく。背中が丸くなったり、踵が床から浮いたりしなければ、もっと低くしゃがんでもいい。

③ 息を吐きながら、腹筋と殿筋の緊張をゆるめずに立ち上がる。1セット終わるまで繰り返す。

★ **バリエーション** さらに負荷をかけるには、膝を曲げたポジションを4、5秒キープしてから立ち上がります。バーを使ったスクワットは、ウェイトを使ったスクワットのよい練習にもなります。バーを使って正しくできるようになったら、軽いウェイト（5-7kg）にチャレンジしてもいいでしょう。

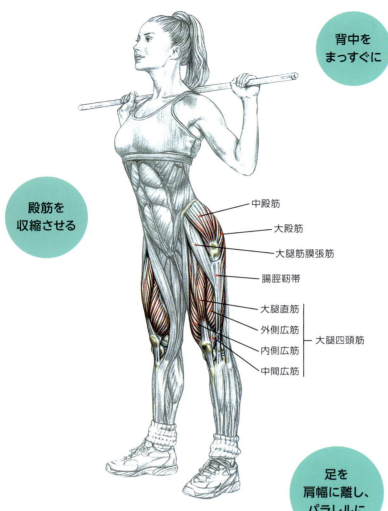

背中を
まっすぐに

殿筋を
収縮させる

- 中殿筋
- 大殿筋
- 大腿筋膜張筋
- 腸脛靭帯
- 大腿直筋
- 外側広筋 ─┐
- 内側広筋 ├ 大腿四頭筋
- 中間広筋 ─┘

足を
肩幅に離し、
パラレルに

エクササイズの途中(よい姿勢)

エクササイズの途中(悪い姿勢)

ワイドレッグ・スクワット（脚のスタンスを広くしたスクワット）
Wide-Leg Squat

- **ターゲット**　大殿筋に加えて、内ももの筋肉(内転筋)を重点的に使います。

- **反復回数**　15回×4セット。

- **コーチのアドバイス**　スクワットは総合的なエクササイズの1つです。軽いウェイトで行なうと、大腿四頭筋(大腿前面)、すべての内転筋、恥骨筋と薄筋(大腿内側)、殿筋、ハムストリング(大腿後面)、腹筋、すべての仙腰筋(下背部)が刺激されます。

- **呼吸**　息を吐きながら立ち上がり、息を吸いながらしゃがみます。

- **注意**　背中を丸めないように、また膝の負担を減らすために、腰を斜め下方へ下ろしていくこと。

- **エクササイズのポイント**　足のポジションによって、ターゲットになる筋肉が変わります。大腿のいちばん効いてほしい部分をねらいましょう。

① 脚を開いて立つ。足はターンアウトする。スティックか軽いウェイトをつけたバーを肩にのせ、胸を張り背筋(せすじ)を伸ばす。

② 息を吸いながら、大腿が床と平行になるまで腰を斜め下方へ下ろしていく(注：大腿を水平よりも下げるなら、体幹はあまり前傾させない)。

③ 息を吐きながら、腹筋と殿筋の緊張をゆるめずに立ち上がる。1セット終わるまで繰り返す。

★ **バリエーション**　さらに負荷をかけるには、膝を曲げたポジションを4、5秒キープしてから立ち上がります。5-7kgの範囲でウェイトを重くすることもできます。最後にもう1つ、足のポジションによってターゲットになる筋肉が変わることを覚えておいてください。

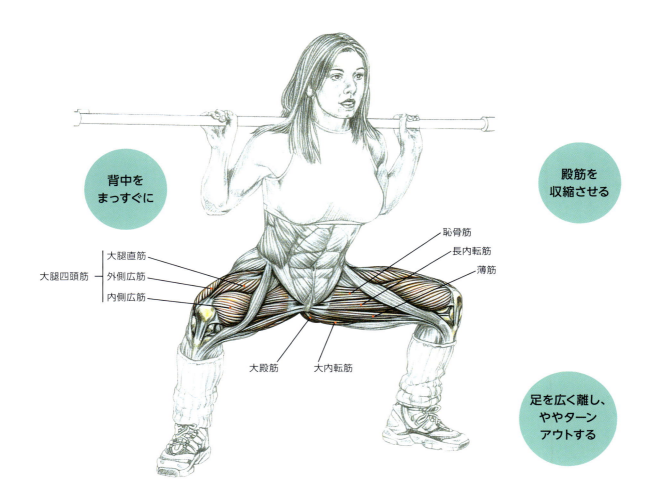

背中を
まっすぐに

殿筋を
収縮させる

大腿四頭筋 ─ 大腿直筋 / 外側広筋 / 内側広筋

恥骨筋
長内転筋
薄筋

大殿筋　大内転筋

足を広く離し、
ややターン
アウトする

バリエーション　スクワットの足のポジション3種類

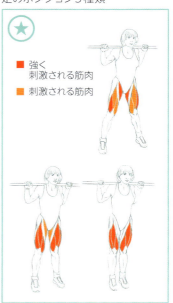

■ 強く刺激される筋肉
■ 刺激される筋肉

バーを使ったグッドモーニング・エクササイズ
Good Morning with a Bar

- **ターゲット**　上半身と下半身をつなぐヒップを強くすることで繊細な動きでヒップを強くし、姿勢をよくします。

- **反復回数**　20回×3セット。

- **コーチのアドバイス**　背中の筋肉を適度に鍛えることで、姿勢も美しくする効果があるエクササイズです。ストレッチしながら負荷をかけるので、背面全体を繊細に鍛えるのに理想的。

- **呼吸**　息を吸いながら前傾し、息を吸いながら起き上がります。

- **注意**　背中を反らさず、頭と背骨を一直線にそろえること。椎骨に負担がかかるので、背中を丸めてもいけません。

- **エクササイズのポイント**　このエクササイズ本来の効果を得るには、1回ずつゆっくり行ない、筋肉の感覚を意識しましょう。

1. 足を腰幅に離し、パラレルにして立つ。バーを肩甲骨にのせ、背中をまっすぐ伸ばす。

2. 息を吸いながら、体幹を前傾させるが、背中を反らしたり、丸めたりしない。体幹が床と平行になるまで前傾する。

3. 息を吐いて、殿筋を収縮させながら少しずつ起き上がる。

★ **バリエーション**　前傾するとき膝を軽く曲げてもOK。こうすると背中のカーブをコントロールできますが、ハムストリングにはあまり効かなくなります。

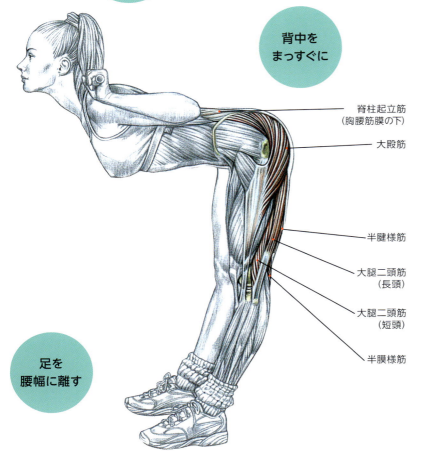

- 頭と背骨を一直線にそろえる
- 背中をまっすぐに
- 足を腰幅に離す

- 脊柱起立筋（胸腰筋膜の下）
- 大殿筋
- 半腱様筋
- 大腿二頭筋（長頭）
- 大腿二頭筋（短頭）
- 半膜様筋

スタートポジション（よい姿勢）

スタートポジション（悪い姿勢）

バリエーション　膝を軽く曲げて前傾する

ベンチに上がるステップアップ
Step-Up on a Bench

- ◎ **ターゲット**　大殿筋(めざすは格好よく引き締まったヒップ)と大腿四頭筋(大腿前面)を鍛えます。

- ⏱ **反復回数**　各脚20-30回×3、4セット。

- 👓 **コーチのアドバイス**　ワークアウトの効果を上げるために、上下運動に合わせて呼吸しましょう。同時に心肺機能を高める運動になります。

- 😮 **呼吸**　息を吐きながらベンチに上がり、息を吸いながら下ります。

- ❗ **注意**　腕を胸の前で組んでおくことで、背中をあまり縮めずにヒップの運動に集中できます。背中を反らしてはいけません。まっすぐ保つこと。

- 🔑 **エクササイズのポイント**　ベンチに上がったら、後ろ脚を少し上げると、さらに殿筋に効きます。

① 片足をしっかり床について立ち、腕を胸の前で組む(ただし、腕が胸に触れないように)。反対側の足をベンチにのせる。

② 息を吸って、吐きながら、ベンチにのせた足を踏み込んで立つが、反対側の脚はやや後ろに残してバランスをとる。腹筋を締め、殿筋を収縮させる。

③ 息を吸いながら、体を下ろし、足裏を床に押し当てる。この動きを休まずに20回繰り返してから脚を替える。

★ **バリエーション**　背中をまっすぐ伸ばしておけないか、バランスをとるのが難しければ、スティックを肩甲骨にのせてやってみましょう。このバリエーションでは腕が固定されるぶん脚にかかる負荷が増えます。片脚で1セット通してから脚を替えても、左右交互に行なって1セットでもOK。

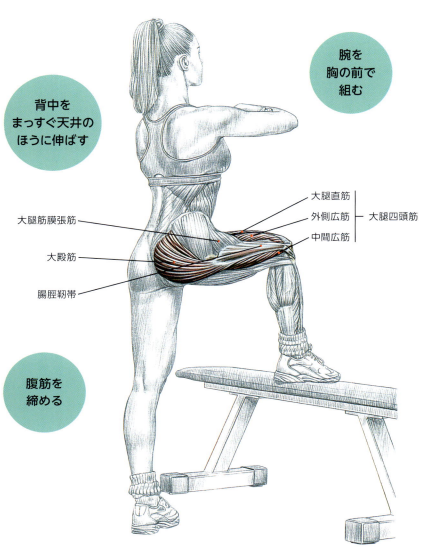

背中を
まっすぐ天井の
ほうに伸ばす

腕を
胸の前で
組む

大腿筋膜張筋
大殿筋
腸脛靭帯

大腿直筋
外側広筋 ─ 大腿四頭筋
中間広筋

腹筋を
締める

エクササイズの途中

①

バリエーション　スティックを使って

バリエーション　エクササイズの途中

フロント・ランジ
Forward Lunge

- ◎ **ターゲット** 格好よく引き締まった大腿(大腿四頭筋)とヒップを手に入れるために。心肺機能を高める運動としてもすぐれています。

- ⏱ **反復回数** 各脚15-20回×3、4セット。

- 👓 **コーチのアドバイス** どの筋肉に効かせたいかによって歩幅に変化をつけられます。大きく踏み出すほど大殿筋に効き、小さく踏み出すほど大腿四頭筋に効きます。

- 😮 **呼吸** 息を吸いながら脚を曲げ、息を吐きながら立ち上がります。

- ❗ **注意** 膝関節を痛めないように膝はつま先の真上にあるように気をつけること。

- 🔑 **エクササイズのポイント** 背筋(せすじ)をピンと伸ばして、後ろ脚の大腿四頭筋をよくストレッチし、反対側の殿筋を鍛えます。

---

① 体幹をまっすぐ伸ばし、脚をそろえて立つ。手は腰に添える。

② 息を吸って、大きく一歩前に踏み出し、後ろ脚の膝が床すれすれになるように腰を落とす。

③ 息を吐きながら、スタートポジションに戻る。片脚1セット終わったら、脚を替える。

★ **バリエーション** 背中をまっすぐ伸ばしておけないか、バランスをとるのが難しければ、腕を前に伸ばしてみましょう。あらかじめ片脚を前に踏み出し、膝を軽く曲げておいてから始めてもかまいません。この場合、脚の曲げ・伸ばしだけのエクササイズになります(スプリット・スクワット)。もう1つ言い添えると、片脚で1セット通してから脚を替えても、左右交互に踏み出して1セットでもOK。ただし、左右別々に行なったほうが効果は上がります。

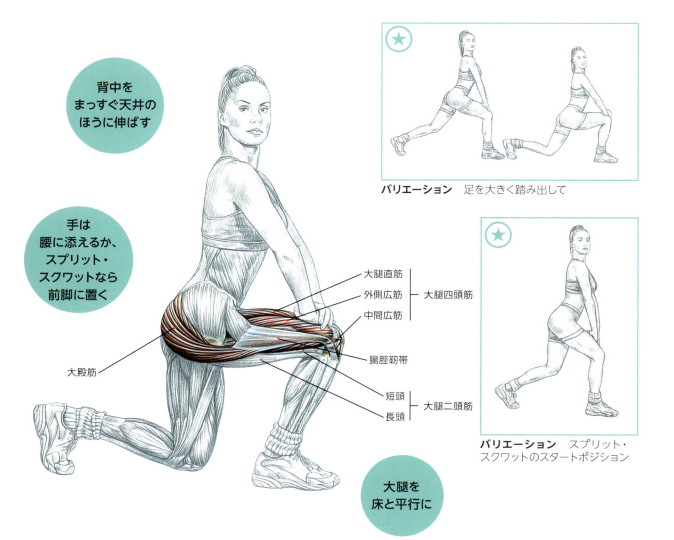

背中を
まっすぐ天井の
ほうに伸ばす

手は
腰に添えるか、
スプリット・
スクワットなら
前脚に置く

大殿筋

大腿直筋
外側広筋 ┐ 大腿四頭筋
中間広筋 ┘
腸脛靭帯
短頭 ┐ 大腿二頭筋
長頭 ┘

大腿を
床と平行に

バリエーション 足を大きく踏み出して

バリエーション スプリット・スクワットのスタートポジション

バリエーション 腕を前に伸ばして

ダンベルを使ったフロント・ランジ
Forward Lunge with Dumbbells

- **ターゲット**　格好よく引き締まった大腿(大腿四頭筋)とヒップを手に入れるために。心肺機能を高める運動としてもすぐれています。

- **反復回数**　各脚15-20回×3、4セット。

- **コーチのアドバイス**　脚を曲げたとき膝にほとんどの重みがかかり、膝関節を守るためにバランスをとることも必要なので、軽いウェイトから始めましょう。

- **呼吸**　息を吸いながら脚を曲げ、息を吐きながら立ち上がります。

- **注意**　背中を反らさないで、必ず腹壁を締めること。脚を曲げ終わったとき、前の膝は足首の真上にきます。膝が足首より前に出ないように注意。

- **エクササイズのポイント**　大殿筋に効かせたければ、大きく踏み出し、大腿四頭筋に効かせたければ、小さく踏み出します。コントロールしながら、ゆっくり腰を落としましょう。大腿が水平になったら、筋力で体を押し上げてスタートポジションに戻ります。

① 脚をそろえて直立する。腕は体側に下げ、手にダンベルを持つ。

② 息を吸いながら、大きく一歩前に踏み出し、腰を落とすが、体幹はできるだけまっすぐ保つ。

③ 息を吐きながら、力強く床を押し返してスタートポジションに戻る。片脚1セット終わったら、脚を替える。

★ **バリエーション**　片脚で1セット通してから脚を替えても、左右交互に踏み出して1セットでもOK。ただし、左右別々に行なったほうが効果が上がります。また、フロント・ランジとバック・ランジを交互に行なう方法もあります。その場合、前に踏み出した足を次は後ろに踏み出すと同時に腕を体側に下げて体幹を前傾させ、腰を落とします。このバリエーションでは、ヒップと大腿、それに腕の全筋肉を同時に鍛えることができます。

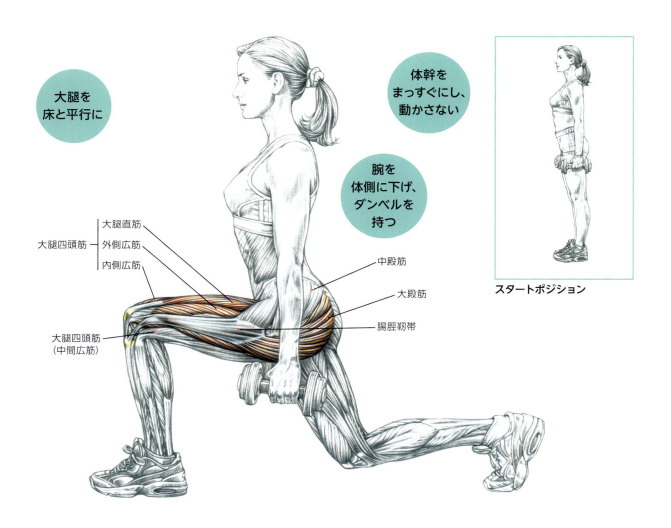

- 大腿を床と平行に
- 体幹をまっすぐにし、動かさない
- 腕を体側に下げ、ダンベルを持つ

スタートポジション

大腿四頭筋 ─ 大腿直筋 / 外側広筋 / 内側広筋

大腿四頭筋（中間広筋）

中殿筋

大殿筋

腸脛靭帯

オルタネーティング・サイド・ランジ（左右交互に行うサイド・ランジ）
Alternating Side Lunge

- **ターゲット** 曲げた脚の大腿四頭筋すべて、中殿筋、そして大殿筋を鍛え、伸ばした脚の内転筋をストレッチします。

- **反復回数** 左右交互に20回×3、4セット。

- **コーチのアドバイス** 体重のほとんどを片脚にかけるエクササイズなので、多くとも左右交互に20回（右脚10回、左脚10回）までにしておくことをおすすめします。膝を守るために必ず正しいフォームで行なってください。

- **呼吸** 息を吸いながら脚を曲げ、息を吐きながら立ち上がります。

- **注意** 膝と足首を守るために、腰を落としたときに両足裏をできるだけ床につけておくこと。

- **エクササイズのポイント** 脚を曲げながら体幹を前傾させて、腰を反らさないようにします。また、そうすると伸ばした脚の内転筋と曲げた脚の大腿外側に効きます。

---

① 脚をそろえるか、肩幅に開いて直立する。腕は体側に下げる。

② 息を吸いながら、片脚を大きく一歩横に踏み出し、腰を反らさないように体幹をやや前傾させて、大腿が床と平行になるまで踏み出した脚に体重をかける。曲げた膝は足首と足の真上にくる。

③ 息を吐きながら、スタートポジションに戻る。左右交互に20回行う。

★ **バリエーション** 脚を曲げて腰を落とすとき、腕を前に伸ばす方法もあります（腕の筋肉も使う）。安定感を求めるなら両手を膝に置きます。運動範囲も調整できます。足をそろえるか、少しだけ離すと、1回ごとに大きく横に踏み出す必要があります。または、好きな歩幅で横に踏み出してから、脚の曲げ・伸ばしだけで重心を左右に移動する方法もあります。

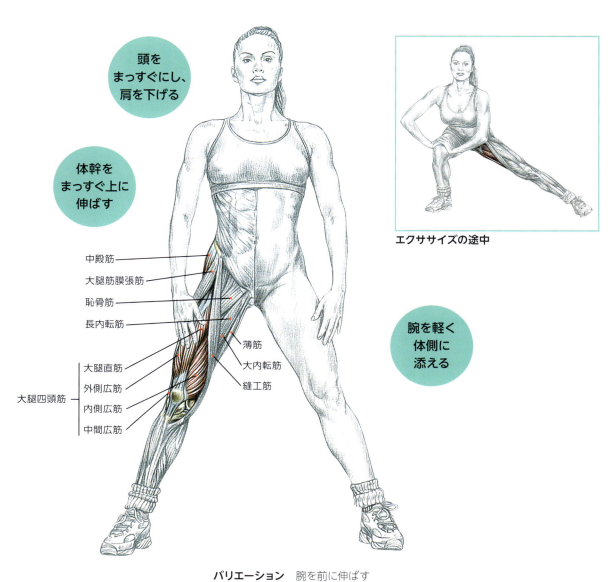

頭をまっすぐにし、肩を下げる

体幹をまっすぐ上に伸ばす

- 中殿筋
- 大腿筋膜張筋
- 恥骨筋
- 長内転筋
- 薄筋
- 大内転筋
- 縫工筋
- 大腿四頭筋
  - 大腿直筋
  - 外側広筋
  - 内側広筋
  - 中間広筋

エクササイズの途中

腕を軽く体側に添える

バリエーション　腕を前に伸ばす

スタンディング・ハムストリング・ストレッチ（立ってハムストリングのストレッチ）
Standing Hamstring Stretch

- ◎ **ターゲット**　大殿筋、ハムストリング、ふくらはぎの筋肉と、脚の後面全体を伸ばすストレッチ。

- ⏱ **反復回数**　脚のワークアウトの終わりに、左右30-40秒ずつストレッチをキープ。

- ∞ **コーチのアドバイス**　関節を守るために常にじわじわと適度にストレッチし、靭帯を伸ばしすぎないようにしましょう。呼吸は止めず、息を吐くたびに少しずつストレッチを強めますが、はずみをつけてはいけません。

- 😮 **呼吸**　静かに深呼吸しながらストレッチします。

- ❗ **注意**　体重のほとんどが支持脚にかかるので、支持脚を軽く曲げ、支持脚に両手を添えて膝関節にかかる負担を調節すること。

- 🔑 **エクササイズのポイント**　特に殿筋がしっかりストレッチされるように、背中をまっすぐ伸ばしたまま、できるだけ体を前傾させましょう。ストレッチする脚はフレックスにしてふくらはぎも確実にストレッチします。

---

① 背骨を天井のほうに伸ばして立ち、片脚を伸ばした状態で前に出す。足をフレックスにして踵に体重をのせる。支持脚は軽く曲げ（膝がつま先より前に出ないように）、体幹を前に傾けはじめる。

② 両手を支持脚の大腿に置き、背中をまっすぐ伸ばしたまま体幹を前傾させて、ストレッチを強める。

③ 深呼吸しながらストレッチをキープする。脚を替える。

★ **バリエーション**　もっと柔軟性のある人は、両脚を同時にストレッチしてみましょう。その場合は、脚をぴったり閉じて伸ばし（足はパラレル）、骨盤から体を二つ折りにします。両脚をまっすぐ伸ばしたまま、柔軟性に応じて、両手で膝裏かふくらはぎか足首を持ちます。

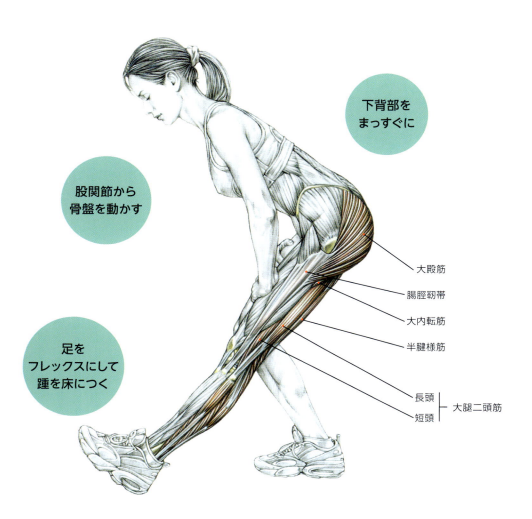

下背部を
まっすぐに

股関節から
骨盤を動かす

足を
フレックスにして
踵を床につく

大殿筋
腸脛靭帯
大内転筋
半腱様筋
長頭 ┐
　　 ├ 大腿二頭筋
短頭 ┘

上級バリエーション

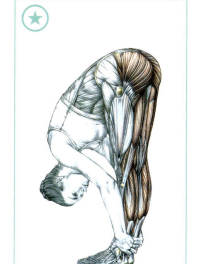

ベンチを使ったハムストリング・ストレッチ
Hamstring Stretch Using a Bench

- **ターゲット** 大殿筋、ハムストリング、ふくらはぎの筋肉と、脚の後面全体を伸ばすストレッチ。
- **反復回数** 脚のワークアウトの終わりに、左右30-40秒ずつストレッチをキープ。
- **コーチのアドバイス** ワークアウトの終わりにストレッチをすれば、1日のプレッシャーから心身を解放する理想的な時間になります。頭を空っぽにして、呼吸に集中し、息を吐くたびにネガティブな考えが追い出されていくところをイメージしてみましょう。
- **呼吸** 静かに深呼吸しながらストレッチします。
- **注意** ストレッチする脚に両手を添えて、体幹の前傾をコントロールしてください。少ししか前に倒せなくても、絶対に背中を丸めないこと。動くのは骨盤、背中は曲がりません。
- **エクササイズのポイント** 背骨全体がストレッチされます。頭と背骨を一直線にそろえましょう。

1. 背骨を天井のほうに伸ばして立ち、片脚を伸ばした状態で前に出してベンチにのせる。足はフレックスにする。支持脚をまっすぐ伸ばしたまま体幹をやや前傾させる。
2. ベンチにのせた脚の大腿に両手を置き、背中をまっすぐ伸ばしたまま体幹を前傾させて、ストレッチを強める。
3. 深呼吸しながらストレッチをキープする。脚を替える。

★ **バリエーション** 柔軟性に応じて、ベンチより低い物か高い物に脚をのせてもOK。大切なのは、骨盤を水平に保ち、股関節から体を二つ折りにすることです。ベンチにのせた足をフレックスにして、ふくらはぎを念入りにストレッチしましょう。ただし、殿筋とハムストリングを重点的にストレッチしたければ、足をポイントにします。

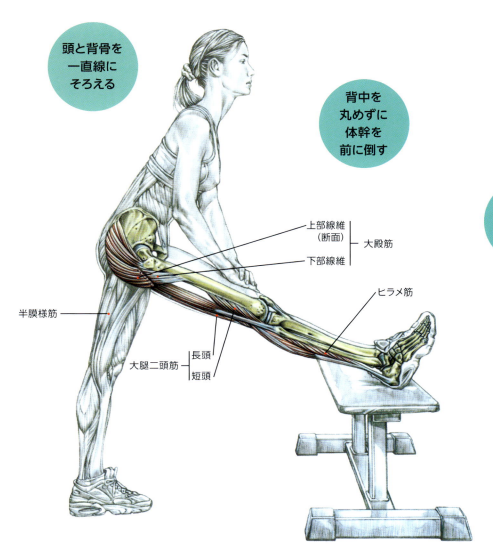

頭と背骨を一直線にそろえる

背中を丸めずに体幹を前に倒す

ベンチにのせた脚に両手を置く

上部線維（断面）
下部線維
大殿筋

ヒラメ筋

半膜様筋

大腿二頭筋 ― 長頭
　　　　　― 短頭

スタンディング・カーフ・レイズ（立って踵を上下させるふくらはぎエクササイズ）
Standing Calf Raise

- **ターゲット**　ふくらはぎを鍛えて、メリハリのある下腿（膝から足首まで）にします。

- **反復回数**　20回×3セット。

- **コーチのアドバイス**　支えなしで行なうと、特に腹壁を締めることによってバランスをとるトレーニングになります。ゆっくり上下することを忘れないように。

- **呼吸**　息を吐きながら上がり、息を吸いながら下ります。

- **注意**　体幹をまっすぐにする、肩を下げて後ろに引く、骨盤をやや後傾させる（p.30を参照）点に気をつけて。バランスを崩さないように、腹筋と殿筋を締めること。

- **エクササイズのポイント**　足をターンイン（つま先を内に向ける）するとふくらはぎの外側に効き、ターンアウトするとふくらはぎの内側に効きます。上級者でなければ、支えを利用しているかぎりパラレルにすることをおすすめします。

① 脚を閉じて立つ。足はパラレルにする。手を腰に添え、踵から頭まで一直線にそろえる。

② 息を吐きながら、ゆっくり踵を上げ、母指球で立つ。

③ 息を吸いながら、少しずつ踵を下ろしてスタートポジションに戻る。1セット終わるまで繰り返す。

★ **バリエーション**　バランスを保つのが難しければ、両手で椅子につかまるか、支えになる物（壁やドア枠）に片手をついてOK。さらに負荷をかけ、踵を下ろしたときに足裏の筋肉をストレッチするには、階段やステップの上で行ないます。ただし、このバリエーションのときは、絶対に何か支えになる物につかまること。

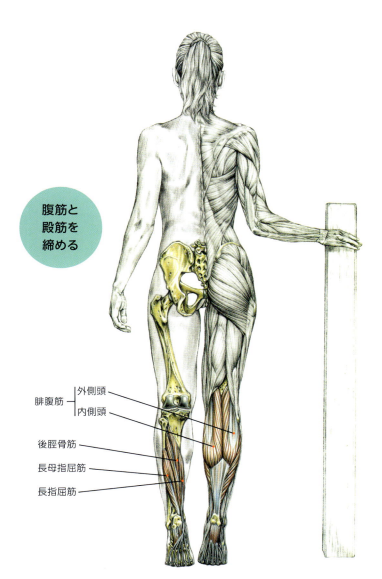

腹筋と殿筋を締める

腓腹筋 —— 外側頭
　　　　　 内側頭
後脛骨筋
長母指屈筋
長指屈筋

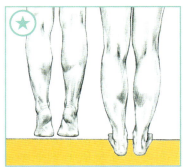

バリエーション　ステップの上で
エクササイズ中

脚を伸ばしてパラレルに

足を少しずつストレッチしてリラックス

バリエーション　椅子につかまって

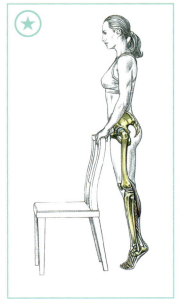

ダンベルを使ったカーフ・レイズ（踵を上下させるふくらはぎエクササイズ）
Calf Raise Using a Dumbbell

- ◎ **ターゲット**　ふくらはぎを単独で鍛え、下腿を引き締めます。

- ⏱ **反復回数**　各脚20-30回×3、4セット。

- 👓 **コーチのアドバイス**　ふくらはぎを片脚ずつ鍛えるエクササイズです。長いセット（ふくらはぎが焼けるような感じになるまで）にすると効果的なので、できれば左右交互にではなく、片脚ずつエクササイズしましょう。

- 😮 **呼吸**　息を吐きながら上がり、息を吸いながら下ります。

- ❗ **注意**　下背部の筋力で埋め合わせたり、関節に重みがかかりすぎたりしないように、体幹をまっすぐにし、腹壁と殿筋を締めること。

- 🔑 **エクササイズのポイント**　このエクササイズの効果を上げるには、殿筋を収縮させることを意識しながら踵を上げ・下げします。ダンベルを重くしても意味がありません。軽いダンベルで十分です。

---

① 右足の前半分をステップか階段にのせて立ち、反対側の脚は軽く曲げる。左手で支えにつかまり、バランスを崩さないようにする。右手でダンベルを持ち、その腕を体側に下げる。

② 息を吐きながら、ゆっくり踵を上げ、右足の母指球で立つ。

③ 息を吸いながら、スタートポジションをやや通過するまで少しずつ踵を下ろす（踵を宙に浮かしたまま母指球より下げる）。1セット終わるまで繰り返し、脚を替える。

★ **バリエーション**　このエクササイズができるようになったら、踵を上げたポジションを4、5秒キープ、踵を下げる途中で止めて、そのポジションを4、5秒キープ、そして踵を下げきったポジションを4、5秒キープしてからスタートポジションに戻るというバリエーションにチャレンジしてみましょう。

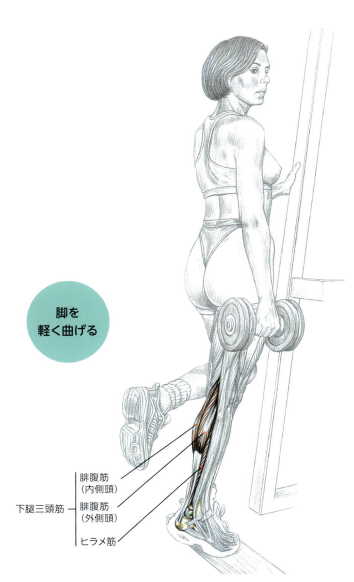

スタートポジション

- 腹筋と殿筋を締める
- 脚を軽く曲げる
- ダンベルを持ち、腕を体側に下げる

下腿三頭筋 ─ 腓腹筋（内側頭）
腓腹筋（外側頭）
ヒラメ筋

カーフ・ストレッチ（ふくらはぎのストレッチ）
Claf Stretch

- **ターゲット**　下腿の筋肉を伸ばすストレッチ。
- **反復回数**　ふくらはぎや脚のワークアウトの後、左右30-40秒ずつストレッチをキープ。
- **コーチのアドバイス**　脚のワークアウトの終わりにふくらはぎをストレッチするのにとても効果的なエクササイズですが、日常生活やワークアウト中に起きたこむら返り（脚がつる）を治すのにも有効です。
- **呼吸**　静かに深呼吸しながらストレッチします。
- **注意**　骨盤を正面に向けて水平にし、背中をまっすぐ伸ばして、やや前傾させること。曲げた脚の膝がつま先より前に出てはいけません。
- **エクササイズのポイント**　このストレッチは、両足の踵を床につけておかないと効果がありません。

① 背筋（せすじ）をまっすぐに保ち、手は腰に添える。片足を一歩前に踏み出して足裏全体を床につける。両脚とも伸ばし、体幹をやや前傾させる。

② 少しずつ前脚の膝を曲げ、膝が足首の真上にくるようにする。骨盤を前に動かし、後ろ脚は伸ばしたままにする。両足の踵をしっかり床につけておくこと。

③ 深呼吸しながらストレッチをキープする。脚を替える。

★ **バリエーション**　このストレッチをさらに念入りにするには、壁に向かって行います。両手のひらを壁につけて、壁を押しながら前脚を曲げます。柔軟性のある人なら、曲げる脚を支え（ベンチや低い塀）にのせると内転筋も同時にストレッチできます。

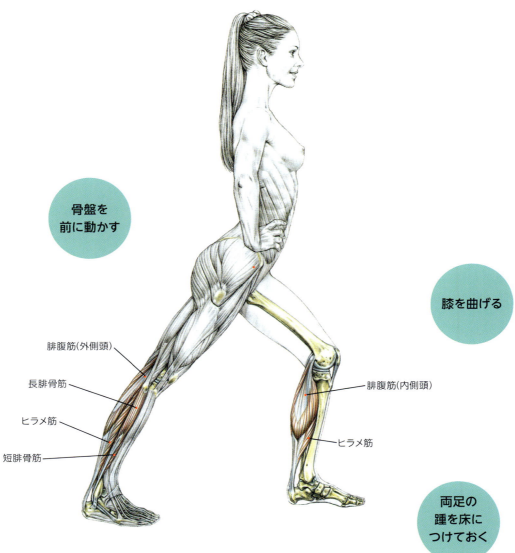

骨盤を前に動かす

膝を曲げる

両足の踵を床につけておく

腓腹筋(外側頭)
長腓骨筋
ヒラメ筋
短腓骨筋

腓腹筋(内側頭)
ヒラメ筋

あなた専用の
プログラムをつくる

自分の体を知って効果的なトレーニングを

形態学に基づく3つの体型分類

周囲の人を観察すると、たいていの人は大まかな3タイプの体型のどれかに分類されるということに納得がいきます。

この3つの形態学的な体型分類は、胎児の発育が起源です。胚発生の第2週の始めに、外胚葉、中胚葉、内胚葉という3つの原始的な細胞層ができあがります。

各胚葉は将来、次のように生物の特定の器官になります。

→ 外胚葉は、表皮と感覚器、中枢神経系、末梢神経を形成します。

→ 中胚葉は、主に骨、筋肉、泌尿生殖器、循環系、血液を形成します。

→ 内胚葉は、最終的に腸粘膜と付属腺を形成します。

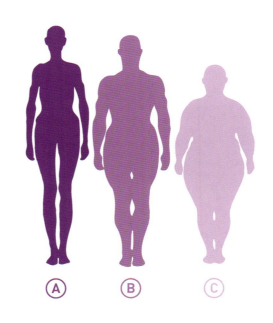

Ⓐ 外胚葉型

やせて肩幅が狭いことが特徴です。代謝がきわめて活発でほとんど体脂肪がありません。しかし、筋肉に張りがないことが多く、それが腰痛や姿勢の悪さ、お腹が出る原因になります。

したがって、外胚葉型の女性は姿勢筋と深層の腹筋を発達させることを重視しなければなりません。

Ⓑ 中胚葉型

筋肉が発達し、引き締まった体つきで、骨や関節が太い、肩幅が広い、胸郭がよく発達しているという特徴があります。

一般に、この体型の人は肥満体ではなく、最小限の身体トレーニングで最大の結果が出ます。

さらに、中胚葉型の人はとてもアクティブで、体を動かすことやスポーツを好むのが普通です。

Ⓒ 内胚葉型

　曲線的な体つきが特徴で、たいていは骨や筋肉が隠れて見えません。内胚葉型の人の骨格は中胚葉型の人ほどがっしりしていませんが、代謝が遅く、そのせいで太りやすく、特に太ももやウエストに脂肪がつく傾向があり、その結果、膝が故障する場合があります。

　健康と適正体重を維持するために、内胚葉型の人は定期的に運動することが必要ですが、オーバートレーニングは避けなければなりません。高カロリー、低栄養の食事も避けるべきです。

自分のタイプに合わせたトレーニング

　この形態学的な体型分類は極端です。実際には純粋な外胚葉型の人や内胚葉型の人などめったにいません。ほとんどの人は混合型です。でも、どのタイプが優勢かは変えられませんから、自分の体質の主な特徴がわかるようになることは大切です。変えられないとはいえ、弱点に取り組んで好きになれないところを改善することはできます。

体型別プログラム

こうした解剖学の基本知識を理解すれば、自分専用のプログラムを組み立てられるようになり、シャープな引き締まったボディという望んでいたものが手に入るのです。

まず、次のことを実行してください。

1. 自分の基本的な体型がA(外胚葉型)、B(中胚葉型)、C(内胚葉型)のどれかはっきりさせる。
2. 週2、3時間をワークアウトプログラムに当てる。
3. ワークアウトの前後と最中に水分を補給する。
4. 1回のワークアウトに5-10分のストレッチの時間を組み込む。

→ A体型(外胚葉型)のプログラム

プログラム1　初心者

ゴール1：ウエストをスリムにし、体をストレッチする
- ☐ スティックを使ったトルソ・ツイスト(→p.42)、30回×2セット
- ☐ ウエストのストレッチ(→p.38)、30秒×2セット

ゴール2：腹筋を強くし、引き締める
- ☐ バイシクル(→p.68)、15回×2セット
- ☐ レッグ・エクステンション(→p.64)、20回×3セット
- ☐ クランチ(足を床につけて)(→p.52)、15回×3セット

ゴール3：ヒップを強くし、シェイプする
- ☐ レッグ・リフト・トゥ・ザ・サイド(→p.76)、各脚15回×2セット
- ☐ オポジット・アーム・アンド・レッグ・レイズ(→p.84)、左右それぞれ30秒×2セット
- ☐ ブリッジ(→p.88)、20回×3セット
- ☐ レッグ・エクステンション・トゥ・ザ・サイド(→p.100)、各脚20回×2セット

ゴール4：脚を強くし、シェイプする
- ☐ ボディウェイト・スクワット(→p.108)、10回×2セット
- ☐ ワイドレッグ・スクワット(→p.114)、10回×2セット
- ☐ ベンチに上がるステップアップ(→p.118)、各脚10回×1セット
- ☐ ダンベルを使ったカーフ・レイズ(→p.132)、各脚15回×2セット

プログラム2　中級者

ゴール1：ウエストをスリムにし、体をストレッチする
- ☐ ウエストのストレッチ(→p.38)、40秒×2、3セット
- ☐ ベンチを使ったハムストリング・ストレッチ(→p.128)、各脚1分×2セット

ゴール2：腹筋を強くし、引き締める
- ☐ シットアップ(足を床につけて)(→p.56)、20回×3セット
- ☐ クランチ(足をベンチにのせて)(→p.58)、20回×3セット
- ☐ リバース・クランチ(→p.66)、20回×3セット
- ☐ クランチ(脚を上げて)(→p.54)、30回×3セット

ゴール3：ヒップを強くし、シェイプする

- □ レッグ・リフト・オン・ザ・ニーズ(→p.80)、
  各脚30回×2セット
- □ ブリッジ(足をベンチにのせて)(→p.90)、
  20回×3セット
- □ ブリッジ(片脚を上げて)(→p.92)、
  各脚20回×3セット
- □ サイド・レッグ・レイズ・オン・ザ・ニーズ
  (→p.86)、各脚20回×3セット

ゴール4：脚を強くし、シェイプする

- □ バーを使ったスクワット(→p.112)、20回×3セット
- □ ワイドレッグ・スクワット(→p.114)、20回×3セット
- □ フロント・ランジ(→p.120)、各脚15回×3セット
- □ オルタネーティング・サイド・ランジ (→p.124)、
  左右交互に20回×2セット

プログラム3　上級者

ゴール1：体をストレッチする

- □ バトックス・ストレッチ(→p.96)、
  左右それぞれ2分×3セット
- □ ライイング・ハムストリング・ストレッチ(→p.94)、
  各脚3分×2セット

ゴール2：腹筋を強くし、引き締める

- □ クランチ(脚を上げて)(→p.54)、30回×4セット
- □ オブリーク・クランチ(脚を上げて)(→p.62)、
  30回×3セット
- □ オブリーク・バイシクル(→p.70)、30回×4セット
- □ リバース・クランチ(→p.66)、40回×3セット

ゴール3：ヒップを強くし、シェイプする

- □ レッグ・リフト・ウィズ・ア・ベント・ニー(→p.82)、
  各脚30回×4セット
- □ サイド・レッグ・レイズ・オン・ザ・ニーズ
  (→p.86)、各脚30回×4セット
- □ ブリッジ(片脚を上げて)(→p.92)、
  1Kgのウェイトを使って各脚20回×4セット
- □ ラテラル・レッグ・カール(→p.102)、
  1Kgのウェイトを使って各脚30回×3セット

ゴール4：脚を強くし、シェイプする

- □ デッドリフト(→p.110)、30回×3セット
- □ バーを使ったグッドモーニング・エクササイズ
  (→p.116)、5-7Kgのバーを使って20回×4セット
- □ ダンベルを使ったフロント・ランジ(→p.122)、
  両手に5Kgのダンベルを持って、
  各足20回×4セット
- □ ベンチに上がるステップアップ(→p.118)、
  各脚20回×3セット

➡ B体型(中胚葉型)のプログラム

プログラム1　初心者

ゴール1：ウエストをスリムにし、体をストレッチする

- □ バトックス・ストレッチ(→p.96)、
  左右それぞれ30秒×2セット
- □ カーフ・ストレッチ(→p.134)、各脚30秒×2セット
- □ ライイング・トルソ・ツイスト(→p. 44)、
  左右それぞれ30秒×2セット

ゴール2：腹筋を強くし、引き締める

- □ シットアップ(足を床につけて)(→p.56)、
  15回×3セット
- □ クランチ(足をベンチにのせて)(→p.58)、
  15回×3セット
- □ オブリーク・クランチ(脚を上げて)(→p.62)、
  10回×4セット
- □ レッグ・エクステンション(→p.64)、20回×4セット

ゴール3：ヒップを強くし、シェイプする

- [ ] レッグ・リフト・トゥ・ザ・サイド（→p.76）、各脚30回×3セット
- [ ] レッグ・エクステンション・トゥ・ザ・バック（→p.98）、各脚30回×4セット
- [ ] レッグ・エクステンション・トゥ・ザ・サイド（→p.100）、各脚30回×3セット
- [ ] ブリッジ（→p.88）、20回×3セット

ゴール4：脚を強くし、シェイプする

- [ ] スタンディング・ニー・レイズ（→p.106）、各脚20回×3セット
- [ ] バーを使ったスクワット（→p.112）、20回×2セット
- [ ] バーを使ったグッドモーニング・エクササイズ（→p.116）、20回×3セット
- [ ] スタンディング・カーフ・レイズ（→p.130）、30回×4セット

プログラム2　中級者

ゴール1：ウエストをスリムにし、体をストレッチする

- [ ] バトックス・ストレッチ（→p.96）、左右それぞれ1分×2セット
- [ ] ライイング・ハムストリング・ストレッチ（→p.94）、各脚1分×3セット

ゴール2：腹筋を強くし、引き締める

- [ ] クランチ（脚を上げて）（→p.54）、30回×4セット
- [ ] オブリーク・バイシクル（→p.70）、30回×4セット
- [ ] クランチ（足をベンチにのせて）（→p.58）、30回×4、5セット

- [ ] リバース・クランチ（→p.66）、30回×5セット
- [ ] オブリーク・クランチ（脚を上げて）（→p.62）、20回×3セット

ゴール3：ヒップを強くし、シェイプする

- [ ] レッグ・リフト・トゥ・ザ・サイド（→p.76）、各脚15回×4セット
- [ ] レッグ・リフト・オン・ザ・ニー（→p.80）、各脚30回×4セット
- [ ] ブリッジ（→p.88）、30回×3セット

ゴール4：脚を強くし、シェイプする

- [ ] フロント・ランジ（→p.120）、各脚20回×3セット
- [ ] ベンチに上がるステップアップ（→p.118）、各脚20回×3セット
- [ ] オルタネーティング・サイド・ランジ（→p.124）、左右交互に15回×3セット
- [ ] バーを使ったスクワット（→p.112）、20回×5セット

プログラム3　上級者

ゴール1：ウエストをスリムにし、体をストレッチする

- [ ] スタンディング・サイド・ベンド（→p.40）、左右それぞれ20回×4セット
- [ ] サイド・プランク（→p.46）、左右それぞれ40回×4セット
- [ ] スタンディング・ハムストリング・ストレッチ（→p.126）、各脚30-40秒×3セット
- [ ] ベンチを使ったハムストリング・ストレッチ（→p.128）、各脚1分×3セット
- [ ] ウエストのストレッチ（→p.38）、30秒×2セット

ゴール2：腹筋を強くし、引き締める

- ☐ オブリーク・バイシクル(→p.70)、30回×5セット
- ☐ バイシクル(→p.68)、40回×4セット
- ☐ クランチ(脚を上げて)(→p.54)、30回×5セット
- ☐ クランチ(足をベンチにのせて)(→p.58)、30回×4セット

ゴール3：ヒップを強くし、シェイプする

- ☐ ブリッジ(足をベンチにのせて)(→p.90)、30回×4セット
- ☐ レッグ・リフト・ウィズ・ア・ベント・ニー(→p.82)、各脚20回×4セット
- ☐ サイド・レッグ・レイズ・オン・ザ・ニーズ(→p.86)、各脚30回×4セット
- ☐ ブリッジ(片脚を上げて)(→p.92)、各脚40回×3セット

ゴール4：脚を強くし、シェイプする

- ☐ ダンベルを使ったフロント・ランジ(→p.122)、各脚30回×4セット
- ☐ ベンチに上がるステップアップ(→p.118)、各脚30回×5セット
- ☐ デッドリフト(→p.110)、20回×5セット
- ☐ バーを使ったスクワット(→p.122)、20回×4セット

➡ C体型(内胚葉型)のプログラム

プログラム1　初心者

ゴール1：体をストレッチする

- ☐ ライイング・ハムストリング・ストレッチ(→p.94)、各脚30秒×2セット
- ☐ スタンディング・ハムストリング・ストレッチ(→p.126)、各脚30秒×2セット
- ☐ カーフ・ストレッチ(→p.134)、各脚20秒×2セット

ゴール2：腹筋を強くし、引き締める

- ☐ レッグ・エクステンション(→p.64)、10回×4セット
- ☐ バイシクル(→p.68)、15回×2セット
- ☐ クランチ(足を床につけて)(→p.52)、10回×2セット

ゴール3：ヒップを強くし、シェイプする

- ☐ レッグ・リフト・トゥ・ザ・サイド(→p.76)、各脚10回×2セット
- ☐ レッグ・リフト・オン・ザ・ベリー(→p.78)、各脚15回×2セット
- ☐ ブリッジ(→p.88)、15回×2セット
- ☐ レッグ・エクステンション・トゥ・ザ・サイド(→p.100)、各脚20回×2セット

ゴール4：脚を強くし、シェイプする

- ☐ バーを使ったグッドモーニング・エクササイズ(→p.116)、10回×2セット
- ☐ スタンディング・カーフ・レイズ(→p.130)、15回×3セット
- ☐ スタンディング・ニー・レイズ(→p.106)、各脚15回×3セット
- ☐ ワイドレッグ・スクワット(→p.114)、10回×2セット

プログラム2　中級者

ゴール1：ウエストをスリムにし、体をストレッチする

- ☐ バトックス・ストレッチ(→p.96)、左右それぞれ30秒×2セット
- ☐ ウエストのストレッチ(→p.38)、20秒×3セット
- ☐ スタンディング・サイド・ベンド(→p.40)、左右それぞれ15回×3セット

ゴール2：腹筋を強くし、引き締める

- [ ] シットアップ(足を床につけて)(→p.56)、
  15回×3セット
- [ ] オブリーク・クランチ(脚を上げて)(→p.62)、
  20回×3セット
- [ ] リバース・クランチ(→p.66)、10回×4セット
- [ ] クランチ(足をベンチにのせて)(→p.58)、
  10回×3セット

ゴール3：ヒップを強くし、シェイプする

- [ ] レッグ・リフト・ウィズ・ア・ベント・ニー(→p.82)、
  各脚20回×3セット
- [ ] レッグ・リフト・オン・ザ・ニーズ(→p.80)、
  各脚15回×3セット
- [ ] ブリッジ(→p.88)、30回×2セット
- [ ] ラテラル・レッグ・カール(→p.102)、
  各脚20回×3セット

ゴール4：脚を強くし、シェイプする

- [ ] ボディウェイト・スクワット(→p.108)、
  20回×3セット
- [ ] ワイドレッグ・スクワット(→p.114)、
  20回×3セット
- [ ] フロント・ランジ(→p.120)、
  各脚15回×3セット
- [ ] バーを使ったグッドモーニング・エクササイズ
  (→p.116)、30回×3セット

プログラム3　上級者

ゴール1：ウエストをスリムにし、体をストレッチする

- [ ] ライイング・トルソ・ツイスト(→p.44)、
  左右それぞれ1分×2セット
- [ ] スタンディング・ハムストリング・ストレッチ
  (→p.126)、各脚40秒×3セット
- [ ] スティックを使ったトルソ・ツイスト(→p.42)、
  30回×3セット
- [ ] スイミング(→p.48)、30回×3セット

ゴール2：腹筋を強くし、引き締める

- [ ] クランチ(脚を上げて)(→p.54)、
  20回×4セット
- [ ] クランチ(足をベンチにのせて)(→p.58)、
  15回×4セット
- [ ] オブリーク・クランチ(脚を上げて)(→p.62)、
  30回×4セット
- [ ] サイド・プランク(→p.46)、
  左右それぞれ30回×3セット

ゴール3：ヒップを強くし、シェイプする

- [ ] ブリッジ(足をベンチにのせて)(→p.90)、
  20回×4セット
- [ ] サイド・レッグ・レイズ・オン・ザ・ニーズ
  (→p.86)、各脚30回×3セット
- [ ] ブリッジ(片脚を上げて)(→p.92)、
  各脚20回×3セット

ゴール4：脚を強くし、シェイプする

- [ ] デッドリフト(→p.110)、12回×4セット
- [ ] バーを使ったスクワット(→p.112)、
  30回×3セット
- [ ] ワイドレッグ・スクワット(→p.114)、
  20回×3セット
- [ ] ベンチに上がるステップアップ(→p.118)、
  各脚30回×3セット

著者：

フレデリック・ドラヴィエ
（Frédéric Delavier）
ライター・イラストレーター。人体解剖学についての専門的知識を持った才能のあるアーティストであり、パリの有名な美術学校で5年間形態論と解剖学を勉強し、パリ「Faculte de Medecine」で3年間解剖学を研究した。仏誌『パワーマグ』元編集長、『Le Monde du Muscle』誌記者、『Men's Health Germany』誌ほか筋力トレーニング関連出版物に多数寄稿。著書は200万部を超えるベストセラー。

ジャン＝ピエール・クレマンソー
（Jean-Pierre Clémencau）
フィットネスコーチの国家資格保持者。体作りのプロフェッショナルとして、フランス国内外のアスリートやセレブリティへ広く指導をおこなう有名コーチとして知られる。著書に『La Méthode Clémenceau』『Belle en attendant bébé』などがあるほか、ドラヴィエとの共著『Fitness et Streching』も人気。

監修者：

安藤 清美（あんどう きよみ）
フィットネストレーナー。20年以上にわたり、フィットネス関連業界で活躍。特に女性のボディデザインを指導のメインとしているが、近年は高齢者の体づくりから子どものダンスレッスンまで、広く運動指導をおこなっている。

翻訳者：

東出 顕子（ひがしで あきこ）
翻訳家。主にノンフィクション、実用書の翻訳を手掛ける。訳書に『ドラヴィエのコアトレーニングアナトミィ』『ピラーティスアナトミィ』（いずれもガイアブックス）など。

Belles fesses et ventre plat

ドラヴィエのANATOMY フランス発
美しく強いからだ

発行：2015年2月20日
発行者：吉田 初音
発行所：株式会社 ガイアブックス
〒107-0052　東京都港区赤坂1-1-16　細川ビル
TEL.03(3585)2214　FAX.03(3585)1090
http://www.gaiajapan.co.jp

Copyright GAIABOOKS INC. JAPAN2015
ISBN978-4-88282-937-9　C2075

落丁本・乱丁本はお取り替えいたします。
本書を許可なく複製することは、かたくお断りします。
Printed in China